DO REALISMO CAPITALISTA
AO COMUNISMO ÁCIDO
O LEGADO DE **MARK FISHER**

DO REALISMO CAPITALISTA
AO COMUNISMO ÁCIDO
O LEGADO DE **MARK FISHER**

ANTONIO GALVÃO

2023

© **Autonomia Literária, 2023.**

Título original: O realismo capitalista ao comunismo ácido: o legado de Mark Fisher

Coordenação: Cauê Seignemartin Ameni, Manuela Beloni & Hugo Albuquerque
Revisão de Texto: Márcia Ohlson
Diagramação: Danielle Fróes
Capa: Rodrigo Corrêa

Conselho Editorial: Carlos Sávio Gomes (UFF-RJ), Edemilson Paraná (UFC/UNB), Esther Dweck (UFRJ), Jean Tible (USP), Leda Paulani (USP), Luiz Gonzaga de Mello Belluzzo (Unicamp-Facamp), Michel Lowy (CNRS, França), Pedro Rossi (Unicamp) e Victor Marques (UFABC)

Imagens da capa: Ian Curtis, vocalista da banda Joy Division, em Rotterdam, 16 de janeiro de 1980; Karl Marx – fonte: Wikipedia.
Imagem da contracapa: CyberSyn – Creative Commons – fonte Wikipedia.
ISBN: 978-85-69536-82-6

**Dados Internacionais de Catalogação na Publicação (CIP)
(eDOC BRASIL, Belo Horizonte/MG)**

G182d   Galvão, Antonio.
    Do realismo capitalista ao comunismo ácido: o legado de Mark Fisher / Antonio Galvão. – São Paulo, SP: Autonomia Literária, 2023.
    260 p. : 14 x 21 cm

    ISBN 978-85-69536-82-6

    1. Fisher, Mark – Crítica e interpretação. 2. Sociologia. 3.Política. 4. Marxismo. I. Título.
                                                            CDD 335.4

Elaborado por Maurício Amormino Júnior – CRB6/2422

Autonomia Literária
Rua Conselheiro Ramalho, 945
CEP: 01325-001 – São Paulo – SP
autonomialiteraria.com.br

SUMÁRIO

PREFÁCIO – ALYSSON LEANDRO MASCARO.....................7

APRESENTAÇÃO 11

1 – A FILOSOFIA DE MARK FISHER............................ 21

1.1   Filosofia popular..21

1.2   Fisher no pensamento contemporâneo.....................26

1.3   Fisher no marxismo..27

1.4   Fases e influências em Fisher.................................33

1.5   Fisher e a crítica da ideologia.................................46

1.6   Fisher e o debate aceleracionista 50

1.7   Fisher e o neoliberalismo......................................65

2 – REALISMO CAPITALISTA.....................................75

2.1   O conceito de realismo capitalista 75

2.2   Efeitos do realismo capitalista 83

2.2.1   *Expectativa deflacionária, precorporação e interpassividade*..83

2.2.2   *Protestos, imobilizadores e comunistas liberais*......93

2.3   Realismo capitalista e as frestas do real – temas de enfrentamento ideológico 95

2.3.1   *Saúde mental na crítica ao realismo capitalista*.......99

2.3.2   *Burocracia na crítica do realismo capitalista*..........113

2.3.3   *Cultura e realismo capitalista: o lento cancelamento do futuro* ... 123

2.3.4   *Realismo capitalista e ciberespaço*......................129

3 – HAUNTOLOGIA 137

3.1   Das unheimliche – o infamiliar...............................138

3.1.1   *O infamiliar em Fisher* 144

3.1.2	*The weird and the eerie*	148
3.1.3	*O infamiliar na dialética de Fisher*	152
3.2	Hauntologia em Derrida	154
3.3	Hauntologia em Fisher	159
3.4	Comunismo ácido	161

AGRADECIMENTO **174**

REFERÊNCIAS **175**

Vídeos 180

Filmes 181

Série de televisão 182

Blog 182

PREFÁCIO

Alysson Leandro Mascaro

As décadas finais do século XX e as primeiras do século XXI, vivendo a aceleração da crise capitalista, impactaram as subjetividades nos planos tanto político quanto psicanalítico: forja-se um giro desesperado e quase compulsório ao reacionarismo, tendo a depressão como sua inclinação reiterada de personalidade. As humanidades, as ciências sociais e a filosofia, no mesmo diapasão, replicaram na teoria o desespero: ou esgarçando a possibilidade de aferição científica do tempo social – pós-modernidades, hermenêuticas provisórias, parciais ou fragmentárias, bloqueio a tratar do modo de produção – ou, de outro lado, refúgio em idealismos despropositados e absurdos – reiteração do liberalismo ou das diáfanas balizas dos direitos humanos ou do humanismo.

Nesse momento em que o mundo confluiu a crise social com a crise teórica, o marxismo, a única possibilidade de alcançar o fulcro do problema – o capitalismo –, exatamente porque implacável e revolucionário, tornou-se raro. Em tal contexto de especialidade teórica, Mark Fisher é um pensador simbólico e, em muitas medidas, único: bebe das fontes da cultura, do desespero e da depressão do próprio tempo para confrontá-las com a mais radical crítica. Ao atritar ideologia e reprodução social, Fisher desloca os alvos das reflexões liberais e não-liberais atuais: não mais a desesperança porque os sujeitos são débeis, mas a debilidade subjetiva por conta da desesperança do modo de produção. O capitalismo é o problema.

No entanto, Fisher percebe que constatar o capitalismo como problema não mais encaminha um potencial de crítica. Para a maioria, a desgraça social é até reconhecida, mas naturalizada. Em diferença de tempos anteriores, nos quais a dinâmica da mercadoria procedia a uma afirmação de esperanças falsas – expansão do consumo, direitos sociais, redução das desigualdades entre classes –, o presente se afirma em sua crueza. Tal como se apresenta, o capitalismo não permitirá trabalho digno nem inclusão social. A exploração é afirmada como sua realidade, impingindo aos sujeitos uma vida de constantes esforços e disputas. Fisher trata então, em sua obra mais importante e mais conhecida, do *realismo capitalista*. Ao invés de proceder, como nos tempos do fordismo, às promessas de uma vida melhor, o capitalismo do pós-fordismo se impõe mediante a sua anunciação realista: a sociedade é de exploração e cabe aos indivíduos uma luta infinda. Peculiarmente, as ilusões são reservadas apenas às políticas enganadoras, como as das esquerdas liberais do mundo, que pensam que alguns remendos poderão consertar o quadro social. Os sujeitos que vivem as mazelas do capital, no entanto, acabam por rechaçar os discursos oficialescos ilusórios daqueles que lhes prometem um mundo melhor ou menos pior: a extrema-direita ganha força com o reconhecimento (e o louvor) da crueza de um mundo só guerra, exploração e opressão.

O quadro do capitalismo pós-fordista é o terreno por excelência da análise de Mark Fisher e o realismo da exploração seu marcador de distinção em face das manifestações ideológicas anteriores. Fisher supera antigas leituras a respeito da ideologia que a consideravam um negativo da realidade. De algum modo perfilhando-se com as melhores leituras do que se pode chamar "novo" marxismo – como aquela que, de Althusser a Žižek, considera a ideologia uma positividade –, Fisher tratará não mais da consciência de classe, como fazia o antigo marxismo revolucionário até o marxismo ocidental, mas sim do desejo. Na chave do inconsciente está, para Fisher, o problema do capitalismo e também a eventual pulsão de transformação.

Se o foco temático de Fisher é bastante atual, a forma textual de seu pensamento é também original: como um típico intelectual precarizado do pós-fordismo, vale-se menos das narrativas típicas das instituições universitárias – teses, livros sistemáticos ou textos de fôlego – e mais da tecnologia e seu ambiente, começando sua trajetória de reflexão pública mediante um blog, *K-punk*.

A partir daí, Fisher se torna uma figura de grande impacto na cultura de seu tempo, criando dísticos, conceitos e slogans referenciais, como o próprio "realismo capitalista", mas, também, "hauntologia", "comunismo ácido", dentre outros. Nos objetos e na forma de intervenção, o legado do pensamento fisheriano acaba por ser insólito e especial para a crítica do presente.

Para desbravar o pensamento de Mark Fisher e dele extrair as melhores implicações, Antonio Galvão oferece, neste *Do realismo capitalista ao comunismo ácido: o legado de Mark Fisher*, uma sistematização fundamental e incontornável. Se, dada a forma fragmentária e de intervenção imediata dos textos de Fisher, via de regra seu pensamento é também aproveitado por outros intelectuais apenas por alguns de seus escritos ou tendo em vista somente aspectos parciais de sua obra, Galvão, ao contrário, avança com fôlego na investigação da totalidade da obra fisheriana, propondo fases, ênfases e mesmo marcações teóricas distintas no decorrer de sua produção. E, além de ser uma reflexão sistemática de fôlego, este livro revela ainda uma reflexão de alta exigência de postulação crítica: ao perspectivar as ideias de Fisher pelos mais avançados horizontes do marxismo contemporâneo – o que não é frequente mesmo dentre os estudiosos da obra do intelectual inglês –, Galvão abre caminhos para pensar os limites e os potenciais das melhores teorias críticas do presente.

Este *Do realismo capitalista ao comunismo ácido: o legado de Mark Fisher* revela tanto uma didática de apresentação do pensamento de Mark Fisher para o público leitor que deseja aprofundar-se em sua obra quanto, também, seu confronto com as maiores exigências teóricas e de luta que o presente requer em face do capitalismo. Seu autor, Antonio Galvão, tem se destacado como um importante intelectual brasileiro da nova geração, pesquisando, com entusiasmo e seriedade, temas de grande importância para a compreensão das estruturas sociais. Trazendo as perspectivas políticas, estatais, institucionais e jurídicas aos fenômenos da sociabilidade contemporânea, o autor deste livro alinhava de modo valioso filosofia, economia, história, psicanálise, ciência política, direito e cultura.

Desde quando começou a acompanhar minhas reflexões, anos atrás, e logo depois como meu aluno e orientando de Mestrado e depois de Doutorado na USP, na tradicional Faculdade de Direito do Largo São Francisco, pude ver em Antonio Galvão um investigador e pesquisador de ímpar capacidade, determinação e fôlego teórico. Magistrado de notável honradez e responsabilidade no Tribunal de Justiça de São Paulo, acompanho sua especial trajetória no Poder Judiciário e tenho alegria de vê-la anelada com a mesma qualidade no campo acadêmico e intelectual: juiz justo e intelectual crítico. Este livro, que ora se publica, é originalmente a Dissertação de Mestrado defendida por Galvão de França no ano de 2022, mediante uma banca por mim presidida, como seu orientador, e composta pelos Profs. Drs. Juliana Paula Magalhães, Luiz Felipe Brandão Osório e Pedro Eduardo Zini Davoglio, tendo o autor sido aprovado por unanimidade.

Do realismo capitalista ao comunismo ácido: o legado de Mark Fisher é um livro que permite desvendar o pensamento de um dos mais importantes teóricos de nossa época, Mark Fisher, e que permite, ainda, vislumbrar a crítica no mesmo tempo em que a exploração e as dominações se avultam segundo as formas e as formações sociais atuais. Ao público leitor que queira compreender o hoje para intervir melhor na transformação desse mesmo hoje – quem ainda percebe ser necessário pensar o fim do capitalismo ao invés de pensar o fim do mundo –, recomendo a leitura do presente livro, que oferece as melhores perspectivas críticas da Ideologia em ação.

São Paulo, 2023.
Alysson Leandro Mascaro
Professor da USP

APRESENTAÇÃO

Foi somente em 2015, após quinze anos de carreira na magistratura paulista, que retornei à capital, em um local que minimamente me abria tempo para a retomada dos estudos acadêmicos. Inicialmente, minha ideia era seguir na pesquisa do direito penal, inclusive de modo a aproveitar a crescente experiência prática que passei a ter nesse campo. Porém, foi justamente essa experiência, notadamente após os oito anos que passei à frente do Tribunal do Júri em uma região peculiarmente violenta da Grande São Paulo, que me fez crer que as melhores respostas às minhas inquietações não estariam na dogmática penal, forçando-me a dar um passo atrás, distanciando-me do objeto de análise, recuando a uma perspectiva mais estrutural, que, no âmbito das ciências jurídicas, encontrei apenas na filosofia do direito. Assim, em 2016, passei a frequentar como ouvinte as disciplinas da filosofia do direito no programa de pós-graduação da tradicional Faculdade de Direito da USP, no Largo de São Francisco.

O projeto de mestrado que esbocei, o qual seria apresentado a um outro orientador, seria uma espécie de análise sociológica do Tribunal do Júri. No entanto, a partir do momento que passei a assistir as aulas do professor Alysson Mascaro, sofri uma verdadeira virada teórica, passando de uma compreensão liberal-positivista do direito, para encarar o fenômeno jurídico em termos crítico-marxista, o que me possibilitou uma substancial melhor compreensão das verdadeiras estruturas e linhas de força que determinam não apenas o direito, mas também toda a reprodução social. Deixei de lado meu projeto sobre o Júri, e passei a formular outro, já de matriz marxista, relacionado à geopolítica e direito internacional, agora postulando uma vaga como orientando de Mascaro.

Porém, já em 2019, houve uma nova mudança de rumo em minha pesquisa. Ao final de uma das aulas da disciplina Direito e Marxismo, Mascaro fez algo que até então nunca havia feito, que foi me interpelar quanto ao tema da aula seguinte, dizendo que trataria do conceito de realismo capitalista de Mark Fisher e que eu iria me interessar sobre esse pensador, cujas obras ainda não tinham sido até então traduzidas para o português. Diante de tal singularidade, prontamente adquiri a versão digital da obra de referência de Fisher, *Capitalist Realism – Is There No Alternative?*, devorando-a no mesmo dia, já emendando no segundo livro dele, *Ghosts of My Life – Writings on Depression, Hauntology and Lost Futures.*

A experiência foi impactante, não somente pela sofisticação e força dos conceitos e ideias de Fisher, mas também pela enorme proximidade que senti de todas as referências culturais que ele articulava como alegorias teóricas. Automaticamente, entendi o motivo da específica interpelação de Mascaro. Afinal, após me ter por alguns anos como aluno e orientando informal, ele já me conhecia o suficiente para saber do meu envolvimento na cena alternativa cultural de São Paulo de meados dos anos 1980, muito calcada no punk e pós-punk britânico, e sabia que eu ficaria à vontade não apenas com as referências utilizadas por Fisher, como com o próprio estilo de escrita, que ressoava a estética dos fanzines. Na verdade, isso foi apenas uma amostra do olhar que ele tem para com seus alunos e orientandos, em vislumbrar potencialidades e conexões que muitas vezes nos passam despercebidas e foi assim que novamente deixei de lado um projeto de pesquisa, passando a me dedicar a esse notável teórico britânico, o que resultou na dissertação de mestrado em filosofia e teoria geral do direito, que defendi em 2022 no âmbito do Programa de Pós-Graduação da Faculdade de Direito da USP, a qual agora se materializa no presente livro.

Em paralelo à pesquisa, também pude acompanhar e participar da recepção das ideias e obras de Fisher no Brasil, o que se deu por meio de palestras, grupos de pesquisa, traduções de artigos, culminando com a oportunidade, honra e alegria de escrever o texto de orelha de *Realismo Capitalista* (2020), primeira tradução de Fisher para o português. Tal lançamento potencializou em muito o interesse acerca de Fisher, cuja figura passou a ser bastante associada ao conceito de realismo capitalista e à sua noção elementar, correspondente à máxima de Fredric Jameson, de que seria "mais fácil imaginar o fim do mundo do que o fim do capitalismo", inspiração do subtítulo da edição brasileira.

Contudo, a maior parte de sua obra ainda é muito pouco conhecida, o que, para além da falta de traduções, também se deve ao seu aspecto altamente fragmentário, em forma de postagens de seu blog, o "K-punk", as quais, não obstante veicularem sofisticadas reflexões, muitas vezes são apresentadas ou reunidas de modo pouco contextualizado, como que sem lastro em um mesmo sistema teórico. Além disso, muito do pensamento de Fisher em sua fase tardia, que provavelmente se materializaria em novos livros e artigos, ficou restrita a aulas e conferências.

Como se não bastasse, há uma enorme escassez de trabalhos de maior fôlego que tratem especificamente desse pensador, fato que provavelmente também se deve às trágicas e abruptas circunstâncias de sua morte. Crítico contundente dos efeitos nocivos do neoliberalismo sobre a saúde mental, Fisher era constantemente assombrado pela depressão e, em um momento de crise, no início de 2017, interrompeu sua própria vida, o que se deu no auge de sua produção teórica e acadêmica, justamente no momento em que estava lançando aquele que seria seu terceiro e último livro acabado em vida, *The Weird and The Eerie*, ao mesmo tempo que esboçava sua próxima obra, *Comunismo Ácido*, cujo conceito estava sendo desenvolvido para ser o mais radical contraponto dialético do realismo capitalista.

Nessa época, Fisher era um pensador em seu ápice e, na efervescência de sua produção, não fazia até então muito sentido qualquer trabalho sistematizador, sendo que, com sua repentina morte, o reflexo inicial em seu círculo acadêmico e de amizades foi, para além da realização das devidas homenagens póstumas, o resguardo de suas ideias, o que se deu com a compilação de textos esparsos, notadamente as postagens do blog, que resultou na coletânea *K-Punk – The Collected and Unpublished Writings of Mark Fisher* 2004-2016 (2018), também merecendo menção o lançamento póstumo, em formato livro, de sua tese de doutorado, *Flatline Constructs: Gothic Materialism and Cybernetic Theory-Fiction* (2018), bem como a publicação de *Post Capitalist Desire – The*

Final Lectures (2020), que é a transcrição de um ciclo incompleto das aulas e seminários, referentes à última disciplina que Fisher ministrou na Goldsmith – Universidade de Londres, que foi interrompida com sua morte.

Porém, ao menos até a presente data, ressalvados alguns poucos artigos e capítulos de livros que serão adiante referidos, ainda remanesce aquela escassez de obras sistematizadoras, principalmente no que tange a trabalhos de maior fôlego. Portanto, o presente livro busca contribuir para o preenchimento dessa lacuna, oferecendo não "a" sistematização, mas sim "uma" sistematização do pensamento de Fisher, ou seja, um modelo teórico a partir do qual se possa melhor compreender as reflexões desse importante pensador, facilitando a resolução de aparentes contradições, bem como propiciando o cotejamento de sua obra com distintas vertentes do pensamento crítico e, ainda, sinalizando a relevância de sua produção para diferentes campos do conhecimento, como a ciência política, a psicanálise, o direito e as comunicações.

Nessa tarefa, que se revelou altamente complexa, notadamente diante do caráter rebelde do pensamento de Fisher, o qual, em igual proporção à força de seus conceitos, resiste a reduções, foram manejadas ferramentas analíticas inspiradas nas teorias de Alysson Mascaro, notadamente aquelas relacionadas aos três caminhos do pensamento contemporâneo e à arquitetura do novo marxismo, bem como utilizada a noção de ruptura ou corte epistemológico, presentes em Bachelard, Althusser e também em Mascaro. A partir desse arsenal teórico, o pensamento de Fisher pode ser dividido em três fases, quais sejam, do pós-modernismo, do realismo capitalista e da hauntologia, sendo que essas duas últimas fases também marcam os dois eixos principais do pensamento fisheriano, ou seja, o eixo do realismo capitalista ou da crítica negativa e o eixo da hauntologia, que é o da crítica positiva. Além disso, na transição da primeira para a segunda fase, foi percebida ruptura epistemológica na obra de Fisher, verdadeira mudança de paradigma, decorrente do advento do conceito do realismo capitalista. Finalmente, também foi possível melhor desenvolver o importante, mas inacabado, conceito de comunismo ácido, resultando naquilo que designei como comunismo ácido ampliado.

Nessa toada, o presente livro é dividido em três partes. Iniciando a primeira parte, há uma breve biografia de Fisher e um panorama geral de sua obra, com a inserção de elementos históricos e teóricos necessários para a constituição do pano de fundo diante do qual suas reflexões se desenvolveram. Em seguida, são apresentadas as três fases do pensamento de Fisher, cuja sucessão também revela a cambiante relação dele com diferentes tradições teóricas, tanto da psicanálise, quanto do pensamento crítico, dentre essas a da Escola de Frankfurt, dos Estudos Culturais Britânicos, do debate aceleracionista e ainda a tradição mais ampla da crítica marxista à ideologia.

Fechando essa parte, há a exposição do horizonte político de Fisher, que essencialmente diz respeito à dinâmica do neoliberalismo, cujo conceito é chave para a compreensão de sua obra. Nesse ponto, cabe desde logo destacar que o termo neoliberalismo, como boa parte dos conceitos políticos, é altamente ilusivo, fonte de divergências e de disputas, sendo entendido por Fisher através de um peculiar prisma teórico, composto por um *blend* de leituras marxistas, foucaultianas e até mesmo bourdieusianas, mistura essa utilizada para apreender a regulação neoliberal em distintas dimensões, tais como as da economia, ideologia, do controle social, da subjetividade e geopolítica.

Já a segunda parte é preponderantemente dedicada ao conceito de realismo capitalista e às fissuras no discurso neoliberal, os quais foram denominados por Fisher, em termos lacanianos, como frestas no Real. Em regra, quando se pensa na crítica fisheriana ao realismo capitalista, são usualmente referidos três desses pontos de ataque: saúde mental, burocracia e meio ambiente, que são aqueles expressamente tratados no livro *Realismo Capitalista*. Porém, a partir do próprio teórico inglês, foi possível acrescentar outros dois pontos. Um deles é o da crítica ao ciberespaço, a qual Fisher desenvolveu a partir da concepção de Jodi Dean acerca do capitalismo comunicativo, consistente no entendimento de como as tecnologias computacionais se tornaram ferramentas de exploração do trabalho e de estimulação de compulsões, traindo assim as aspirações emancipatórias do advento da era digital, muito presentes nos anos 1990 e início dos anos 2000, antes da lógica da Web 2.0, de suas redes sociais e de seus processos de feedback pulsional e captura libidinal.

O outro ponto de ataque ao realismo capitalista diz respeito à crítica cultural, principalmente no que tange à lentificação e repetição da cultura, que, dentre outras expressões, pode ser resumida na ideia de Fisher e Franco Berardi de "lento cancelamento do futuro", já presente no livro *Realismo Capitalista*, mas que foi se desenvolvendo e ganhando novas nuances, principalmente através da percepção de como tal processo cultural de lentificação se relaciona com a falsa aceleração do capitalismo comunicativo, gerando uma inibição que não ocorre propriamente em termos de lentidão versus velocidade, mas sim nos moldes de consistência versus fragmentação. Portanto, ainda de acordo com Fisher, o ciberespaço deixou de atender ao anseio de formar verdadeiras redes, potencializadoras das capacidades humanas, tornando-se mais um elemento pulverizador de uma sociabilidade já fragmentada, na qual se corre, mas sem sair do lugar.

Outro aspecto também desenvolvido na segunda parte refere-se aos aprimoramentos e retificações acerca do conceito de realismo capitalista, principalmente aqueles expostos por Fisher em palestras e textos esparsos, que funcionam como uma espécie de revisão do livro *Realismo Capitalista* e de resposta às críticas reducionistas que restringem suas considerações apenas à ideia geral da máxima de Jameson, as quais desconsideram que realismo capitalista é o conceito mais potente, amplo e analiticamente preciso para designar a ambiência cultural e ideológica do capitalismo em seu momento atual, indicando o fechamento operacional de uma sociedade que não mais dispõe de uma exterioridade para se oxigenar, gerando messianismos, superstições e o ressurgimento do fascismo histórico, em que o empreendedorismo se torna sinônimo de processos de espoliação e acumulação primitiva.

Portanto, também é proposta outra chave de leitura do realismo capitalista, em uma articulação entre política e psicanálise, mais precisamente como sendo a enunciação de um ato analítico, de onde emanaria a potência do conceito, por meio do qual

Fisher, em sua peculiar sensibilidade, foi capaz de não somente sintetizar o espírito universal em sua condição particular, como também transpor em palavras o mal-estar difuso do tempo atual e, em tais quadrantes de nomeação, também como próprio da psicanálise, criar as bases para estratégias emancipatórias e de superação.

A terceira parte é dedicada à produção tardia de Fisher, em que o conceito de hauntologia ganha proeminência. Ela se inicia com a exposição da gênese desse conceito, que foi originalmente concebido por Jacques Derrida, para então expor as noções de Fisher, notadamente aquelas formuladas à luz da ideia freudiana do *unheimliche*, que, além de dialogar com a hauntologia, permeia toda a obra fisheriana, inclusive iluminando ainda mais a compreensão de realismo capitalista. Outro elemento bastante desenvolvido nessa parte diz respeito à proposição de Fisher de que a hauntologia seria aquilo que assombra e combate o realismo capitalista, consubstanciando também uma prática, constituída a partir do impulso de lembrar ou de desesquecer os caminhos emancipatórios obstruídos pela regulação neoliberal, ou seja, possíveis futuros perdidos ou possibilidades ocultas no presente.

Finalmente, é apresentado o patamar mais elevado da hauntologia, que diz respeito ao conceito de comunismo ácido, cujo desenvolvimento foi interrompido com a prematura morte de Fisher. Porém, cabe antecipar que a prática de Fisher para a elaboração de seus livros, consistente no reaproveitamento de textos pretéritos, previamente publicados, possibilita intuir que muito do que poderia ser o comunismo ácido já estaria disponível em sua obra. Partindo dessa intuição, o livro termina com o esboço da arquitetura daquilo que pode ser chamado de comunismo ácido ampliado, ou seja, a aglutinação de textos, aulas e palestras de Fisher que, apesar de não utilizarem expressamente o conceito, dialogam e agregam na sua compreensão e alcance. Assim, o comunismo ácido ampliado aqui proposto também pode ser entendido como resultado de uma hauntologia da hauntologia, na qual, a partir do próprio método de Fisher, da busca de futuros perdidos, são identificadas importantes percepções e caminhos que o teórico inglês apontou, mas que não teve a oportunidade de efetivamente trilhar.

Em síntese, esse é o livro que se segue, no qual se apresenta a grande dimensão e importância do pensamento de Fisher, colocando nos devidos termos o alcance do conceito de realismo capitalista, bem como sinalizando e ampliando a concepção do comunismo ácido, o qual coloca o desejo na centralidade da luta política, ao mesmo tempo que francamente assume o horizonte comunista, mas não simplesmente aquele horizonte em que a retórica liberal busca enquadrar o socialismo realmente existente, pois, muito mais que impedir a concentração da riqueza de alguns, visaria estimular a riqueza comum, luxuosa e exuberante, abrindo espaço e tempo para atividades enaltecedoras, pautadas pela arte, ciência e tecnologias efetivamente emancipatórias, um comunismo cuja acidez se relaciona não apenas com a elevação da consciência, mas que também dissolve e transborda as barreiras do discurso anticomunista, que lembra ser possível imaginar uma sociedade materialmente democrática, cujo sentido esteja para muito além da vazia valorização do valor.

A FILOSOFIA DE
MARK FISHER

1.1 FILOSOFIA POPULAR

Fisher nasceu na Inglaterra, no emblemático ano de 1968, na cidade de Leicestershire, mas cresceu em Loughborough, ambas na parte interiorana da região de East Midlands. Viveu sua infância no limiar do período fordista e do Estado de bem-estar social britânico, época de efervescência política e cultural no Reino Unido. Na adolescência, nos anos 80, sua formação foi marcada pelas publicações de crítica cultural da imprensa musical, especialmente aquelas do periódico NME – New Musical Express, por meio das quais teve o primeiro contato com teóricos como Derrida e Baudrillard. No final daquela década, Fisher formou-se bacharel em artes com literatura em inglês e filosofia pela Universidade de Hull e, dando continuidade aos estudos ingressou na pós-graduação na Universidade de Warwick, concluindo seu doutorado em 1999.

Também foi membro-fundador do coletivo CCRU – Cybernetic Culture Research Unit (Unidade de Pesquisa de Cultura Cibernética), uma experimental organização para-acadêmica criada em 1995 e inicialmente vinculada ao Departamento de Filosofia da Universidade de Warwick - encabeçada por Sadie Plant e Nick Land, que se tornou referência da corrente ou da fase conhecida como "Aceleracionismo", com grande influência da filosofia de Deleuze e Guattari, Lyotard e Baudrillard.

No início dos anos 2000, com seu doutorado concluído em Warwick, Fisher afastou-se da universidade engajando-se

A FILOSOFIA DE MARK FISHER

1.1 FILOSOFIA POPULAR

Fisher nasceu na Inglaterra, no emblemático ano de 1968, na cidade de Leicestershire, mas cresceu em Loughborough, ambas na parte interiorana da região de East Midlands. Viveu sua infância no limiar do período fordista e do Estado de bem-estar social britânico, época de efervescência política e cultural no Reino Unido. Na adolescência, nos anos 80, sua formação foi marcada pelas publicações de crítica cultural da imprensa musical, especialmente aquelas do periódico *NME – New Musical Express*, por meio das quais teve o primeiro contato com teóricos como Derrida e Baudrillard. No final daquela década, Fisher formou-se bacharel em artes, com licenciatura em inglês e filosofia, pela Universidade de Hull e, dando continuidade aos estudos, ingressou na pós-graduação na Universidade de Warwick, concluindo seu doutorado em 1999.

Também foi membro-fundador do coletivo CCRU - Cybernetic Culture Research Unit (Unidade de Pesquisa de Cultura Cibernética), uma experimental organização para-acadêmica criada em 1995 e inicialmente vinculada ao Departamento de Filosofia da Universidade de Warwick,[1] encabeçada por Sadie Plant e Nick Land, que se tornou referência da corrente ou debate conhecido como "aceleracionista", com grande influência da filosofia de Deleuze e Guattari, Lyotard e Baudrillard.

No início dos anos 2000, com seu doutorado concluído em Warwick, Fisher afastou-se da universidade, começando a

---

1. Há uma mítica de que o "CCRU nunca existiu", pois Sadie Plant jamais teria dado entrada com a papelada necessária para a sua formalização dentro da universidade. No entanto, ele materialmente funcionou em uma sala na Universidade de Warwick no período de 1995 a 1997, após remanescendo como um coletivo fora da universidade até ir se dissolvendo sem maior formalidade no início dos anos 2000, o que mais ou menos coincidiu com a mudança de Nick Land para Shangai e a criação do blog k-punk por Mark Fisher.

trabalhar como professor na educação pública, no âmbito da chamada "educação continuada",[2] um misto de educação complementar com cursos profissionalizantes e preparatórios para a universidade, destinados a alunos mais velhos, geralmente oriundos da classe trabalhadora, que terminaram o ensino médio e não quiseram ou não puderam ingressar oportunamente na faculdade.

Essa experiência foi muito importante para Fisher. Afinal, para além de ser seu primeiro emprego perene, tal atividade lhe proporcionou grande satisfação em poder ensinar alunos oriundos da classe trabalhadora, os quais, na sua percepção, apresentavam questões e desafios muito mais relevantes do que aqueles que seriam colocados por estudantes universitários. Por outro lado, Fisher se deparou com a dura realidade das políticas neoliberais de controle do ensino, que constrangia os colégios de educação continuada, sujeitando-os às metas impostas pelo governo e às pressões do mercado. Segundo Fisher, tais escolas "estiveram na vanguarda das mudanças que seriam implementadas no restante do sistema educacional e nos serviços públicos - um tipo de laboratório no qual as reformas neoliberais da educação foram testadas" (2009, p. 20, tradução nossa).

Em 2003, em paralelo ao seu ofício de professor, Fisher inaugurou seu blog, K-punk, rapidamente se consolidando como pedra angular de um intenso circuito blogueiro, no qual ele podia expor suas ideias sem os rigores do espaço acadêmico. Além disso, tal meio permitia a inserção de imagens, vídeos e links, propiciando a formação de redes, ampliando o alcance de conteúdo e dos fóruns de discussão.

Tal estrutura, rápida e informal, dava abertura a um incrível tempo de resposta, o que também foi por ele aproveitado. Assim, Fisher passou a blogar de maneira precisa e pontual, acompanhando a sequência dos acontecimentos, inicialmente dando mais ênfase à crítica cultural, mas gradativamente se enveredando

---

2. No Brasil, não há um correspondente exato da "educação continuada" (*further education*) do Reino Unido, ela é um complemento do ensino secundário, mas não chega a configurar uma graduação universitária em sentido estrito. No entanto, *grosso modo*, é possível compará-la à educação secundária profissionalizante ou aos antigos cursos de magistério.

cada vez mais na política, fazendo múltiplas conexões entre esses campos, sendo uma de suas principais características a de vislumbrar e explorar potencialidades críticas e revolucionárias na música, no cinema, programas de televisão, revistas em quadrinho, instalações artísticas, peças de teatro e livros, tanto em obras populares e do *mainstream*, inclusive algumas à primeira vista superficiais, como naquelas ditas "alternativas", garimpadas em meios mais restritos. O blog de Fisher tornou-se assim uma grande referência cultural crítica, estando até hoje disponível na internet, com várias centenas de artigos e postagens diversas, publicadas de setembro de 2003 a julho de 2015.

Fisher também teve destacada atuação como editor, ajudando a fundar a editora crítica Zer0 Books, pela qual publicou sua obra de referência: *Capitalist Realism – Is There No Alternative?* (2009) – no Brasil lançado em 2020 com o título *Realismo Capitalista – é mais fácil imaginar o fim do mundo do que o fim do capitalismo?* Fisher também escreveu outros dois livros: *Ghosts Of My Life – Writings on Depression, Hauntology and Lost Futures* (2014) e *The Weird and The Eerie* (2017), este último publicado logo após sua morte, pela editora Repeater, a qual também ajudou a fundar, seguindo o mesmo espírito da Zer0 Books. Também postumamente foi publicada uma substanciosa antologia, consistente na compilação de artigos, entrevistas e escritos, alguns inéditos, denominada *K-Punk – The Collected and Unpublished Writings of Mark Fisher* 2004-2016 (2018). Além disso, também em 2018, sua tese de doutorado, defendida em 1999, na Universidade de Warwick, *Flatline Constructs: Gothic Materialism and Cybernetic Theory-Fiction*, foi materializada em livro e, finalmente, em setembro de 2020, houve a publicação de *Post Capitalist Desire – The Final Lectures*, que é a transcrição de um ciclo incompleto das aulas e seminários, referentes à última disciplina que Fisher ministrou na Goldsmith.

No entanto, até hoje, Fisher é mais associado à sua obra de referência, *Realismo Capitalista*, a qual, para além de um texto teórico, pode ser interpretada como um panfleto de intervenção política, que definitivamente deslocou a figura de Mark Fisher do campo da crítica cultural, para o da teoria militante. O livro foi publicado no contexto emergencial da crise econômica mundial de 2008, servindo de base teórica e de inspiração política nas manifestações dos estudantes do Reino Unido contra as reformas de ensino no ano de 2010.

Nessa sequência, também é muito representativa sua filiação ao Partido Trabalhista do Reino Unido (*Labour Party*) em 2011, época em que ganhou ainda mais notabilidade com textos pontuais de intervenção, dentre os quais cabe destacar *Como Matar um Zumbi: estratégias para acabar com o neoliberalismo* (julho de 2013), *Deixando o Castelo do Vampiro* (novembro de 2013) e *Recuperando a Modernidade* (outubro de 2014), esse último escrito em conjunto com o teórico Jeremy Gilbert. Tal engajamento fez com que suas ideias tivessem grande ressonância e influência na ascensão de uma linha política mais à esquerda no âmbito do próprio Partido Trabalhista, que culminou com a eleição de Jeremy Corbyn, em 2015, como líder do partido, então unificando as alas trabalhistas mais radicais e abertamente anticapitalistas.

Durante toda sua vida, Fisher travou uma batalha incessante contra a depressão, fato que tratava abertamente em seus livros, artigos e entrevistas, o que fazia sem alarde e apenas na medida em que sua experiência pessoal se mostrava relevante no contexto das questões políticas da saúde mental. Em 13 de janeiro de 2017, em meio a um período de crise, Fisher interrompeu sua própria vida. Em seus últimos anos, ele estava bem ativo, proferindo palestras e discretamente se dedicando ao projeto daquele que teria sido seu próximo livro, *Comunismo Ácido*. Além disso, atuava como professor no departamento de Cultura Visual na Goldsmith – Universidade de Londres, onde sua morte foi profundamente sentida, sendo que lá, anualmente, ocorre uma conferência memorial em sua homenagem.

Sua obra apresenta dois eixos: um deles é o da crítica radical ao capitalismo e à atmosfera ideológica pós-fordista, sendo o outro, o da busca de caminhos e alternativas para a superação do capitalismo, notadamente via subjetividade, cultura e desejo. Há um senso de urgência na escrita de Fisher, o que, aliado à rejeição para com os modelos acadêmicos tradicionais, importou em uma aparente despreocupação do teórico em estruturar um sistema de ideias bem delineado. De qualquer modo, muito menos e muito mais que isso, sua obra pode ser interpretada como uma contundente denúncia à sociabilidade capitalista, aliada à arquitetura de esboços de superação, permeadas pela exuberância de uma série de conceitos geniais, tais como realismo capitalista,[3] hauntologia, materialismo gótico, precorporação, pânico de baixa intensidade, hedonia depressiva, comunismo ácido, dentre tantos outros, levando adiante um dos princípios dos tempos do CCRU, que é o da "máxima densidade em slogans" (CCRU, #Accelerate, p. 281, tradução nossa).

Cabe assim afirmar que Fisher também pode ser tido como um "filósofo dos slogans", o que se insere em uma determinada tradição do pensamento crítico, remontando a Vladímir Ilitch Ulianov Lênin e seu famoso panfleto de organização política, *A Propósito das Palavras de Ordem*, até chegar a referências mais próximas de Fisher, como Deleuze e Guattari, os quais, em *Mil Platôs*, exortam os pensadores a criarem conceitos na forma de slogans, ou seja, rizomas[4] linguísticos, com força de interpelação e mobilização afetiva, aliada à potencialidade de propiciar múltiplas conexões (2019, vol.1, p. 43 e 48). E é principalmente por meio de seus slogans que Fisher articula alta teoria com a crítica cultural, denunciando as injustiças da sociabilidade capitalista, notadamente aquelas ensejadas pelo neoliberalismo, ao mesmo tempo em que busca potenciais caminhos para sua superação. Em suma, por meio de seus conceitos-slogans, Fisher torna acessíveis complexas abstrações teóricas, ao mesmo tempo em que energiza a luta política.

---

3. Realismo capitalista e hauntologia, apesar de não serem conceitos originais de Fisher, foram por ele apropriados e reprocessados, ganhando novos contornos e alcance.

4. Em Deleuze-Guattari, o conceito de "rizoma" consiste em uma espécie de oposição à idealização cartesiana da filosofia como "árvore do conhecimento" (2019, vol.1). Eles emprestam tal conceito da botânica, que designa como rizoma hastes subterrâneas, bulbos ou tubérculos, os quais podem se dividir ou constituir outras estruturas, gerando múltiplas conexões, sendo que uma das possíveis acepções de rizoma concerne à de slogan filosófico.

1.2 FISHER NO PENSAMENTO CONTEMPORÂNEO

É sempre relevante para a compreensão da obra de qualquer pensador posicioná-lo em determinada tradição teórica e em dado contexto histórico, o que, no caso de Fisher, ganha importância diante da característica fragmentária e informal de sua produção. Nessa tarefa, reputamos extremamente útil o critério classificatório de Alysson Mascaro, segundo o qual a filosofia política da contemporaneidade pode ser fundamentalmente dividida em três caminhos: liberal (positivista), não liberal (não positivista) e o marxista (crítico). Tais caminhos são balizados por fronteiras político-epistemológicas, isto é, pela base teórica do plano de saída e pelo horizonte de transformação ou, em termos mais simples, de onde se sai e para onde se quer chegar.

A tradição liberal possui caráter conservador, delimitando a atividade política e a organização social dentro dos quadrantes econômicos, normativos e estatais já dados, legitimados por uma democracia eminentemente formal. Ela parte, portanto, da institucionalidade existente e, quando muito, apresenta aspirações emancipatórias dentro dessa mesma institucionalidade. Em tal caminho de reflexão, é possível situar teóricos como John Stuart Mill, Hegel, Hans Kelsen, Herbert Hart, Karl Popper, Jürgen Habermas, Niklas Luhmann, Hannah Arendt, Norberto Bobbio, John Rawls, Ronald Dworkin, dentre muitos outros. Tais pensadores têm como pressuposto a defesa ou a premissa de inexorabilidade do capitalismo, da democracia formal e do direito enquanto norma, limitando o horizonte da emancipação humana a tais quadrantes, o que deverá invariavelmente ocorrer por meio do aperfeiçoamento dessas mesmas instituições, com mais e melhores direitos.

O segundo caminho da filosofia política contemporânea é o não liberal ou não positivista, caminho esse que possui um aspecto classificatório subsidiário, no sentido de nele se inserirem todas as reflexões que não sejam liberais ou marxistas. Tal aspecto residual importa em uma grande amplitude do leque de reflexões, abrangendo assim tanto posições altamente progressistas e filo-marxistas, quanto aquelas conservadoras e, até mesmo, reacionárias. Dentre os não positivistas progressistas é possível mencionar

Foucault, Bourdieu, Judith Butler e Giorgio Agamben. Já no espectro conservador ou reacionário do não positivismo, há exemplificativamente Carl Schmitt, Clausewitz, Martin Heidegger e Friedrich Hayek.[5] Tais autores entendem que os vetores do poder que atravessam a política e a sociabilidade estão além das instituições e das normas, sendo leituras mais profundas e de maior cientificidade se comparadas com o caminho liberal, mas que muitas vezes não atingem os fundamentos mais elementares da reprodução da sociedade capitalista.

O terceiro caminho do pensamento contemporâneo é o marxista ou crítico,[6] que tem por base a crítica da economia política e seus desdobramentos imediatos, com o horizonte de emancipação para além do modo de produção capitalista e da sociabilidade e subjetividade correspondentes. É nesse grande rol da tradição marxista que se insere a obra de Mark Fisher.

1.3 FISHER NO MARXISMO

A expressão "marxismo" surgiu há quase 150 anos, mais precisamente no ano de 1879, com alguns registros apontando Franz Mehring como o primeiro a fazer uso da expressão. Porém, o próprio Marx, então no final de sua vida, chegou a ser indagado sobre o termo, ocasião em que teria jocosamente respondido "tudo o que sei é que não sou marxista". Mas afinal, o que é o marxismo? Dentre as várias definições possíveis, talvez um denominador mínimo comum consista em dizer que o marxismo é uma linha de reflexão, e também uma prática ou *práxis*, que tem por base o entendimento da sociedade a partir da crítica da economia política, tal como originalmente esboçada por Marx, combinada com a percepção de que as injustiças do presente, ou ao menos a maioria delas, se originam ou se perpetuam por meio do

---

5. Apesar de Hayek ser muito associado ao caminho liberal, também há diversos trabalhos substanciosos que apontam os diversos aspectos não liberais reacionários de suas reflexões, dentre os quais é possível destacar o de Grégoire Chamayou, ao tratar de "Hayek no Chile", em seu livro *A Sociedade Ingovernável* (Ubu, 2020).

6. A expressão "crítica" é aqui utilizada em um sentido estrito, que remonta ao pensamento marxiano, não se negando a relevância "crítica", em sentido amplo, de pensadores como Foucault, Bourdieu, Butler e Agamben.

capitalismo e que, portanto, a resolução de tais injustiças depende da superação desse modo de produção.

Porém, mesmo respeitando os limites dessa singela definição, o marxismo ainda assim se apresenta em múltiplas roupagens e linhas de reflexão, abarcando desde teorias de concreta prática revolucionária até reflexões em molduras eminentemente acadêmicas e altamente abstratas. Assim, por exemplo, o termo marxismo pode ser empregado para designar posições teóricas muito díspares, desde Adorno a Ho Chi Minh, de Rosa Luxemburgo a Stalin ou de Žižek a Mao Tsé-Tung. Desse modo, o posicionamento de Fisher dentro desse leque extremamente amplo de teóricos e teorias pressupõe um mínimo de balizamento dos diversos marxismos que foram se apresentando ao longo do tempo, em resposta a distintos problemas e realidades.

Dentre os diversos critérios classificatórios, aqui se opta pelo de Ingo Elbe, que identifica três grandes fases ou ondas, que seriam a do marxismo tradicional (ou ortodoxo), do marxismo ocidental e o da Nova Leitura de Marx. E aqui se usa a expressão "ondas" ao invés de fases, pois tais linhas teóricas se sobrepõem temporalmente e, conforme o local, instituição ou ambiente, se alternam em preponderância. Assim, por exemplo, o marxismo ortodoxo do tipo leninista, que, para muito além da Revolução Russa, teve também como desdobramentos a Revolução Cubana, a Revolução Cultural Chinesa e a Revolução Vietnamita, coincidiu temporalmente com o ápice da produção acadêmica da chamada Escola de Frankfurt, sendo bastante representativo que o lançamento de *O Homem Unidimensional* de Marcuse tenha se dado historicamente às vésperas da eclosão da Revolução Cultural de Mao.

Feitas essas ressalvas, cabe resumidamente pontuar que o marxismo tradicional ou ortodoxo tem como centralidade a luta de classes e a oposição capital-trabalho, sendo nele também presente uma teleologia, no sentido de que o capitalismo inexoravelmente caminharia para seu fim e que o proletariado seria o agente histórico protagonista de tal processo. Ainda nessa chave ortodoxa, o ápice da obra marxiana, consubstanciada em *O Capital – Crítica da Economia Política*, também é interpretada nessa chave trans-histórica, como se nele houvesse elementos ou indicações de como deveria ser a transição para o socialismo e, subsequentemente, para o comunismo, quando, a rigor, se trata de uma obra eminentemente descritiva, que procura entender o modo de produção capitalista e sua dinâmica. O marxismo tradicional é muito vinculado a uma prática de lutas, sejam elas revolucionárias ou reformistas, sendo até hoje muito articulado no âmbito de organizações mais tradicionalmente relacionadas aos movimentos operários, tais como partidos e sindicatos. Dentre os teóricos dessa tradição, é possível mencionar Engels, Lênin e Rosa Luxemburgo, dentre tantos outros.

Já o marxismo ocidental seria marcado justamente por um maior distanciamento entre a teoria e os movimentos revolucionários ou operários, sendo que a obra usualmente apontada como marco inicial dessa fase, que é *História e Consciência de Classes* de Lukács, de 1923, foi escrita justamente no contexto do estancamento da Revolução Alemã, uma revolução traída, que deu lugar à República de Weimar, a qual era instituída enquanto Rosa Luxemburgo, Karl Liebknecht e tantos outros revolucionários eram assassinados por milicianos protonazistas. Essa aparente impossibilidade de avanço revolucionário nos países centrais, aliada ao contexto dos eventos da Segunda Guerra Mundial e da ascensão da regulação fordista, forneceram o pano de fundo do marxismo ocidental, sendo ele mais direcionado à compreensão dos movimentos que resultaram no surgimento do fascismo e do nazismo, bem como da crescente adesão dos trabalhadores à lógica do capitalismo de regulação fordista, com sua indústria cultural e sua sociedade de consumo. Em sua produção, o marxismo ocidental é marcado por um maior academicismo, que tem como característica a combinação das reflexões de Marx com os novos saberes surgidos no início do século XX, notadamente a psicanálise, tendo como uma de suas principais linhas de estudo a Teoria Crítica, desenvolvida por membros da chamada Escola de Frankfurt, dentre os quais Adorno, Horkheimer e Marcuse.

Essa fase do marxismo também foi pautada pela publicação e difusão de outras obras de Marx, dentre as quais *A Ideologia Alemã* e os *Manuscritos Econômicos e Filosóficos*, obras essas que ensejaram um novo prisma de leitura da obra marxiana, a partir de um certo "humanismo", por meio do qual muitos teóricos tentaram fazer uma contraposição ao socialismo realmente existente, em especial ao regime stalinista, o que foi objeto de intenso debate. Justamente em contraposição a essa leitura dita "humanista" é que surge a obra de Althusser, representando um outro ponto de virada, com o pensador francês sendo apontado como o último marxista ocidental e, ao mesmo tempo, o primeiro expoente da última e atual fase do pensamento crítico, que é a tradição viva do novo marxismo.

Para fins de caracterização dessa transição de fases do pensamento marxista, há duas ideias de Althusser que são centrais. A primeira diz respeito à tese do "corte epistemológico" que deve ser feito na obra marxiana, ou seja, a obra tardia de Marx, notadamente *O Capital*, não pode ser lida a partir daquele prisma humanista, do jovem Marx, extraído das obras postumamente publicadas, eis que algumas categorias importantes ganham novos contornos, como o próprio conceito de trabalho, enquanto outras, como a da alienação praticamente desaparecem. Além disso, há em Althusser uma retomada da principal categoria do pensamento marxiano, que é a forma mercadoria, apreendida não apenas em uma lógica economicista e laboral, mas também como forma social, ou seja, como molécula que organiza e determina a sociabilidade e a própria subjetividade, traduzindo-se em práticas e relações, estruturadas e estruturantes, determinadas pelo modo de produção capitalista.

E é essa apreensão da forma mercadoria, com seus outros momentos ou desdobramentos para outras formas, tais como a forma valor, forma jurídica e forma política estatal, que marca o advento do "novo marxismo", sendo que aqui o termo "novo" simplesmente é utilizado para se distinguir em relação àquilo que veio antes, porquanto nessa tradição viva e atual do marxismo há uma enorme plêiade de teóricos e teóricas, dentre os quais Mark Fisher.

E é para melhor posicionar Fisher nesse vasto rol que se afigura altamente adequado o critério concebido por Mascaro. Trata-se da arquitetura do novo marxismo, delineada por um eixo central e outros dois laterais, que são cortados por um eixo horizontal. O eixo vertical central pode ser definido como aquele que "trabalha ao mesmo tempo com formas sociais, coerções, determinação e luta social", nos quais "estão os pensadores do debate da derivação, do regulacionismo marxista, os discípulos de Althusser e os pachukanianos" (Balconi, 2021, p. 128).

Assim, nesse eixo central, é possível, relacionar, em termos exemplificativos, as seguintes vertentes e alguns de seus respectivos autores: forma valor como vertente de Backhaus, Helmut Reichelt, Michel Aglietta e Suzanne de Brunhoff; debate da derivação como vertente de Joachim Hirsch, Heide Gerstenberger e Claudia Von Braunmühl; forma jurídica como vertente dos pachukanianos Umberto Cerroni e Bernard Edelman.

Um pouco afastados desse eixo central, Mascaro identifica dois eixos verticais laterais, os quais, sem olvidar o rigor técnico das formas sociais, dão ênfase a outros aspectos ou teorias do marxismo. Um deles é o eixo politicista, no qual estão pensadores como Antonio Negri, Silvia Federici e John Holloway, o qual propugna inovações para a luta de classes, para além dos sindicatos e partidos, defendendo movimentos alternativos. Ainda nesse eixo politicista, também é possível acrescentar os teóricos do debate aceleracionista, no qual Negri também costuma ser inserido. O outro eixo lateral é o economicista, que fundamentalmente corresponde aos pensadores da escola que ficou conhecida como "Nova Crítica do Valor", que lida com a percepção ou expectativa do colapso do capitalismo como decorrente das inexoráveis contradições intrínsecas da forma valor, tendo por expoentes autores como Robert Kurz, Roswitha Scholz, Moishe Postone e Anselm Jappe, cabendo aqui salientar que tal escola não consiste em uma simples postura teleológica passiva, porquanto também se traduz em uma série de reflexões que buscam horizontes emancipatórios, eis que o fim do capitalismo, também denominado por Kurz como o "colapso da modernidade", não implica necessariamente em uma melhor realidade social, motivo pelo qual as lutas políticas devem ser direcionadas ao estabelecimento de bases emancipatórias que possam se apresentar como alternativas sistêmicas.

Já o eixo horizontal, que acaba por atravessar ou ao menos tangenciar os pensadores e linhas de reflexão dos eixos centrais, engloba teóricos que também trabalham com as formas sociais, mas apenas de modo lateral, com a centralidade de suas obras voltada a temas ou categorias distintas, tais como subjetividade, ideologia, cultura e desejo, muitas vezes dialogando com saberes estruturalistas ou pós-estruturalistas, como aqueles articulados por Foucault, Bourdieu e Derrida. Dentre os teóricos desse eixo horizontal é possível destacar Gilles Deleuze, Félix Guattari, Guy Debord, Fredric Jameson, Alain Badiou e Slavoj Žižek.

Apresentado esse quadro geral, é possível agora tentar posicionar o pensamento de Mark Fisher, o qual, a partir das formas sociais, faz articulações com a cultura, a subjetividade e a psicanálise e, em tais quadrantes, primordialmente se situa no eixo horizontal do novo marxismo, cabendo destacar que, em sua primeira fase crítica, que é a do realismo capitalista, ele desenvolve uma teoria que é mais diagnóstica, buscando primordialmente entender as forças que bloqueiam a emancipação humana, constrangendo-as ao capitalismo, principalmente em sua modulação neoliberal.

Entretanto, na medida em que a obra de Fisher foi se desenvolvendo, ela acabou se enveredando para aquele que aqui será definido, no estrito âmbito da produção fisheriana, como eixo da crítica positiva, em que o conceito de hauntologia ganha proeminência, com o teórico inglês articulando reflexões em quadrantes aceleracionistas e, portanto, politicistas, deslocando-se do eixo de tangente para um dos eixos verticais laterais da arquitetura do novo marxismo, chegando até mesmo a flertar com o eixo central vertical, principalmente ao tomar a questão do desejo como elemento derivado da forma mercadoria, buscando horizontes emancipatórios a partir das energias libidinais. Em outras palavras, ao procurar identificar a forma do desejo sob a égide do capitalismo, para, a partir daí, lidar com a busca de um empuxo libidinal para fora do capitalismo, Fisher se aproxima ainda mais do núcleo crítico vertical do novo marxismo, correlato às formas sociais.

Em suma, nos quadrantes do caminho crítico da filosofia do direito contemporâneo, na tradição viva do novo marxismo, a obra de Fisher, em seu momento marxista, parte do eixo transversal horizontal, deslocando-se ou oscilando, em um segundo momento, ao eixo vertical lateral da corrente politicista-aceleracionista, chegando a tangenciar o eixo central vertical, principalmente ao tratar da questão do desejo como elemento decorrente da forma valor e da forma mercadoria, tratando-o como principal ponto de disputa nas estratégias de emancipação humana e de superação do capitalismo.

1.4 FASES E INFLUÊNCIAS EM FISHER

Para além do pensamento marxiano, Fisher também articula ideias e obras de uma série de outros teóricos do caminho marxista e do caminho não liberal de vertente filo-marxista, muitos oriundos de linhas de pensamento nem sempre compatíveis ou até mesmo, a priori, antagônicas. Essa articulação, feita muitas vezes de forma bastante direta e sem maior formalismo ou justificativa acadêmica, pode dar a impressão de um certo descuido ou mesmo de uma indevida "promiscuidade conceitual".[7]

Contudo, analisando a obra de Fisher como um todo, é possível extrair justamente o contrário, ou seja, que muitos dos termos por ele cunhados demandaram uma verdadeira paciência do conceito, com longos períodos de maturação e de reelaboração, o que ficará melhor evidenciado na análise de conceitos como o da hauntologia, bem como das distintas modulações do infamiliar (*unheimlich*), exploradas por Fisher ao longo de toda a sua obra e, principalmente, da evolução em alcance e densidade do termo realismo capitalista, que, como se verá, vai muito além da noção básica de que "é mais fácil imaginar o fim do mundo do que o fim do capitalismo". De qualquer modo, cabe reconhecer que

---

7.   Essa expressão, "promiscuidade conceitual", foi utilizada por Rafael Saldanha, por ocasião de sua conferência no Colóquio Mark Fisher. A exposição traz uma abordagem interessante ao pontuar como uma das principais características da obra de Fisher a utilização dessa "promiscuidade conceitual" como modo de efetivação de uma "engenharia dos conceitos". No entanto, cabe ressalvar o modo, no mínimo, jocoso como o pensamento de Fisher foi abordado, a começar pelo título da conferência, o qual, apesar de ao final se relacionar com um certo elogio ao método fisheriano, deixa muitas dúvidas ao ouvinte acerca da avaliação que Saldanha faz da obra de Fisher. De qualquer modo, a exposição traz colaborações interessantes e valiosas.

essa despreocupação quanto ao formalismo acadêmico, o que inclui a costumeira ausência de notas e de bibliografia em seus livros e artigos, na mesma medida em que dá agilidade e potência ao texto, por vezes implica na mitigação das fronteiras epistemológicas, exigindo do leitor um maior arsenal teórico para viabilizar uma leitura mais aprofundada.

Outro dificultador da pesquisa sobre o pensamento de Fisher diz respeito ao fato de o teórico inglês ser conhecido por distintas faces[8] e formas de intervenção, o que inclui suas dimensões como blogueiro, teórico, escritor, professor, crítico cultural e até mesmo músico,[9] o que, aliado às suas múltiplas influências, com intensidades e relevos que oscilam conforme a fase de produção, faz com que ele resista fortemente a qualquer tipo de classificação ou enquadramento. Afinal, além de fragmentada, a obra de Fisher também foi se desenvolvendo não apenas conforme as distintas influências que foram incidindo ao longo do tempo, mas também em resposta e reação às prementes necessidades políticas e fenômenos culturais perante os quais o teórico inglês se deparava, importando em variações conceituais e categóricas.

Todavia, as dificuldades classificatórias decorrentes de tais características somente reforçam a pertinência em identificar certas afinidades e pontos de contato da obra fisheriana com a de outros autores e de distintas tradições teóricas, inclusive de modo a sinalizar a relevância da obra de Fisher para diferentes campos do conhecimento. Por outro lado, ressalve-se de antemão que não se tem aqui qualquer pretensão exauriente de classificação e mapeamento. Muito pelo contrário, tal tarefa é assumidamente exemplificativa, inclusive em respeito ao caráter rebelde das reflexões

---

8. Nos primeiros anos do blog k-punk, seguindo uma certa característica do universo blogueiro e também do próprio CCRU, cujos textos costumeiramente eram assinados pelo coletivo, Fisher omitia e não divulgava seu verdadeiro nome. Além disso, quando começou a escrever para a mídia de crítica cultural, assinando como Mark Fisher, o teórico inglês também passou a ser conhecido pelo seu nome verdadeiro. Contudo, leitores mais desavisados simplesmente não sabiam que se tratava da mesma pessoa. Nesse sentido, há o paradigmático depoimento de Amber A'Lee Frost, teórica e apresentadora do podcast crítico Chapo Trap House, que era, simultaneamente, leitora de k-punk e de Mark Fisher, mas como se fossem autores distintos, descobrindo anos depois que se tratava da mesma pessoa.

9. Fisher foi integrante de uma banda nos anos noventa, chamada D-Generation, chegando a gravar um disco, Entropy in U.K.

de Fisher, as quais, como os conceitos por ele criados, resistem às reduções.

Feitas todas essas ressalvas, é possível agora, a partir de determinados parâmetros epistemológicos e conceituais, identificar três fases na obra de Fisher: a do pós-modernismo (julho de 1999 a junho de 2005), a do realismo capitalista (junho de 2005 a maio de 2014) e a da hauntologia[10] (maio de 2014 em diante).

A primeira fase, que é a do pós-modernismo, é aquela em que o conceito de realismo capitalista ainda não havia sido cunhado em termos fisherianos, sendo preponderantemente utilizada em seu lugar a expressão "pós-modernismo", em uma acepção próxima da linha desenvolvida por Fredric Jameson, estando também muito presentes as noções de teoria-ficção e materialismo gótico.[11] Também nesse período inicial, a expressão hauntologia[12] era

---

10. No posfácio feito por Victor Marques e Rodrigo Gonçalves à edição brasileira de *Realismo Capitalista* (2020, p. 174-178), são identificadas quatro fases fisherianas, sendo usada para tanto uma mescla de critérios epistemológicos e de atuação política. Tal classificação é interessante e válida. No entanto, para os fins do presente trabalho, a classificação eminentemente epistemológica se faz mais adequada até possibilitar uma melhor articulação das ideias a serem explanadas nos distintos eixos do pensamento do teórico inglês.

11. A análise do título da tese de Fisher, *Flatline Constructs: Gothic Materialism and Cybernetic Theory-Fiction* (Construtos da Linha Plana: Materialismo Gótico e Teoria-Ficção Cibernética) permite minimamente balizar o sentido de todos esse conceitos. A linha plana (flatline) faz referência ao gráfico do monitor cardíaco, mas que na obra de Fisher ganha a dimensão da cultura cyberpunk (Flatline é também o nome de um personagem no romance cyberpunk Neuromancer), sendo uma zona de imanência radical, anti-humanista, em que as noções de vida e morte se diluem. Já o materialismo gótico consubstanciaria o estilo cultural que melhor representaria a sociedade capitalista, tratando-se do gótico destituído de uma dimensão sobrenatural, que se coadunaria com a concepção marxiana do sujeito automático do capital (valor que se valoriza). Como exemplos do materialismo gótico Fisher apresenta produções variadas como os filmes de John Carpenter (In the Mouth of Madness) e David Cronenberg (Videodrome e Crash), os livros de Ballard (The Atrocity Exhibition, Crash e The Drowned World) e ainda exemplos mais prosaicos como a animação Toy Story. Já a teoria-ficção seria outra zona de imanência radical em que não é possível mais distinguir a teoria da ficção ou mesmo a realidade da ficção, com Fisher por vezes articulando as expressões (materialismo gótico e teoria-ficção) como sinônimos.

12. O termo hauntologia será objeto da terceira parte do presente trabalho, no entanto cabe antecipar que ele foi originalmente criado por Jacques Derrida e diz respeito à aglutinação das palavras em inglês "haunt" (assombrar) e "ontology" (ontologia). Possivelmente pelo fato de Derrida ser franco-argelino, há a falsa noção de que o neologismo surgiu a partir dos correspondentes em francês: "hanter" e "ontologie". Porém, Derrida cunhou o termo originalmente para uma conferência em que proferiu em inglês nos Estados Unidos, no ano de 1993, a qual foi convertida para o francês apenas no ano seguinte, quando materializada em livro,

mais empregada para tratar do gênero musical ao qual se emprestou tal nome. Essa fase é muito permeada por textos de crítica cultural, principalmente aquela direcionada à música, literatura, cinema e programas de televisão. Finalmente, como característica marcante dessa fase, de rigor pontuar que se trata de uma fase não-crítica de Fisher, que, apesar de estar embebida por conceitos marxistas, oscila entre o liberalismo e o não liberalismo, ainda sob influência do CCRU, o qual não deixava de abraçar muitas das concepções neoliberais, naquilo que o teórico Benjamin Noys espirituosamente designou como "thatcherismo deleuziano" (Noys, 2014), tratando-se assim de uma fase não marxista do pensamento de Fisher.

Como marco inicial de tal fase, é possível retroagir para antes da criação do blog K-punk, para fixá-lo na tese de doutorado de Fisher, *Flatline Constructs: Gothic Materialism and Cybernetic Theory-Fiction*, defendida em julho de 1999 na Universidade de Warwick. A tese apresenta influências que remontam à formação de Fisher junto ao CCRU, cujos elementos conceituais e categoriais se prolongaram pelos primeiros anos do blog K-punk até a criação do sentido fisheriano de realismo capitalista, o qual passa a substituir a expressão pós-modernismo, mudança terminológica que importa no realce da dimensão política do conceito, ao mesmo tempo representando de modo mais acurado a ambiência ideológica e cultural neoliberal, típica do pós-fordismo.

O advento do conceito de realismo capitalista na obra de Fisher ocorreu em junho de 2005, em meio a dois artigos do blog. O primeiro e mais representativo, de 9 de junho de 2005, intitulado *October 6, 1979:*[13] *Capitalism and Bipolar Disorder*, emprega

---

tratando-se assim da união das palavras em inglês "haunt" e "ontology". Na obra de Fisher, principalmente em sua fase de maturidade, a hauntologia ganha forte significado político. Porém, em seus primeiros escritos, a expressão é inicialmente por ele usada para designar certo estilo musical, pautado por elementos que transmitem a sensação de desconjuntunção temporal e de fantasmagorias, com forte presença de samplers e do emprego do *crackle*, que é a inserção artificial das estáticas típicas dos álbuns de vinil. Dentre os artistas normalmente associados à música hauntológica é possível mencionar The Caretaker, Kode9, Burial, dentre outros.

13. Segundo Fisher, o economista Christian Marazzi adota tal data, 6 de outubro de 1979, como marco da virada do período fordista para o pós-fordista, sendo representativa da ascensão do neoliberalismo. Ela diz respeito ao Chamado Choque Volcker, em referência ao economista Paul Volcker, presidente do Banco Central estadunidense (FED) e que determinou

a expressão realismo capitalista em dois sentidos que voltaram a ser desenvolvidos no livro *Realismo Capitalista*. O primeiro concerne à crítica da ideologia, mais precisamente à retórica do governo de Tony Blair, então primeiro-ministro do Reino Unido, o qual, apesar de vinculado ao Partido Trabalhista, encampou o neoliberalismo por meio da linha política que ficou conhecida como *New Labour*, ou seja, uma espécie de terceira via, que abarcava o ideal econômico do neoliberalismo, embebido em políticas de reconhecimento e modulada por tímidas medidas redistributivas. Ao tempo do artigo, Fisher criticava a justificativa de Blair acerca da não adoção de certas medidas de proteção ambiental, as quais, segundo o político, apesar de desejáveis, não seriam possíveis, com Blair lançando mão de uma falsa equivalência entre realidade factual e viabilidade política.

O outro sentido de realismo capitalista que Fisher então empregou refere-se à crítica da saúde mental, na qual o teórico faz um paralelo das oscilações do mercado financeiro e das taxas de juros - aliadas à dissolução das redes de proteção social - como representativas da depressão e dos transtornos bipolares, chamando atenção para ausência da percepção de que boa parte dos problemas de saúde mental estão muito mais ligados ao meio social do que a fatores individuais.

O segundo artigo seminal do conceito de realismo capitalista foi publicado pouco depois, em 24 de junho de 2005, denominado *Shades of White: Fear and Justice in Christopher Nolan's Gotham*. O texto trata do filme *Batman Begins*, dando uma interpretação política às diferentes produções acerca do herói da DC Comics, criticando icônicas versões dos anos oitenta, tais como *O Cavaleiro das Trevas* de Frank Miller e *A Piada Mortal* de Alan Moore, aduzindo que elas simbolizavam o realismo capitalista, na medida em que a "justiça" proporcionada por Batman, ainda que não fosse ideal, era a única justiça possível. Nessa medida, Fisher

---

o aumento substancial da taxa básica de juros, contendo a inflação, retomando a soberania do dólar e, por consequência, restabelecendo a hegemonia dos Estados Unidos (nessa linha de análise do Choque Volcker e da retomada da hegemonia estadunidense, há o importante artigo de Maria da Conceição Tavares, *A Retomada da Hegemonia Norte-Americana*, disponível na compilação *Maria da Conceição Tavares: Vida, ideias, teorias e políticas*, p. 213-259, editora Expressão Popular, 2019).

enaltece a versão de Nolan, porquanto ela traria um Batman mais idealista, que iria contra as expectativas deflacionárias daquelas *graphic novels* dos anos 80, não mais atuando em um espectro de uma "política do pior", em "tons de cinza", mas agora em "tons de branco".

E assim é possível estabelecer a virada conceitual da primeira para a segunda fase de Fisher, com a adoção do conceito de realismo capitalista como substituto para a expressão pós-modernismo, não se tratando aqui de uma simples alteração semântica, mas sim de um verdadeiro salto categorial, que representou não apenas um deslocamento da produção do autor, que muda seu vetor de reflexões da crítica cultural para a teoria e intervenção política, mas de horizonte de mundo, porquanto é a formatação desse conceito que marca de modo muito evidente a elevação do pensamento de Mark Fisher ao campo do caminho da crítica e do marxismo, porquanto, até aquele momento, Fisher se mostrava pouco claro ou vacilante quanto à mirada de superação do capitalismo, ou seja, apesar de sua base marxiana de crítica à economia política, o horizonte pós-capitalista ou comunista não se fazia evidente em seus escritos.

Há assim uma ampliação das fronteiras epistemológicas da obra de Fisher, que então passa a abranger vetores de reflexão que tendem à formação de uma verdadeira teoria crítica da sociedade capitalista em sua modulação neoliberal. Essa fase será assim representativa do eixo crítico ou negativo da obra de Fisher, sendo que aqueles artigos seminais seriam aprimorados e com outros aglutinados na formatação do livro *Realismo Capitalista*, lançado em 27 de novembro de 2009.

O tema do realismo capitalista seguiria não apenas nesta segunda fase, mas também por toda a produção subsequente de Fisher, com o conceito de realismo capitalista ganhando novos sentidos e revisões, o que será tratado mais adiante em capítulo próprio, cabendo aqui salientar que o realismo capitalista é o contraponto dialético a partir do qual Fisher desenvolve o eixo positivo de sua obra, que é mais acentuado em sua terceira e derradeira fase, preponderantemente voltada para a formatação de estratégias e táticas de superação, não apenas do neoliberalismo e do seu realismo capitalista, mas da própria sociabilidade capitalista.

Essa terceira fase pode ter seu marco fundamental estabelecido com o advento do livro *Ghosts of My Life – Writings on Depression, Hauntology and Lost Futures*, lançado em 30 de maio de 2014. Tal como ocorre com *Realismo Capitalista*, *Ghosts of My Life* foi formatado a partir de textos pré-existentes, fundamentalmente publicados no blog. No entanto, *Realismo Capitalista* é uma obra mais coesa, no sentido de consubstanciar um certo todo estruturado. Já *Ghosts of My Life* apresenta duas partes distintas, mas que, ao cabo, acabam por se relacionar e complementar. A primeira parte, que se restringe ao primeiro capítulo, denominado *The Slow Cancellation of the Future* (O Lento Cancelamento do Futuro), é mais abrangente e conceitual, sendo justamente o ponto representativo da virada da segunda para terceira fase de Fisher, marcando a fronteira entre o realismo capitalista e a hauntologia.

Na primeira parte do capítulo, Fisher trata da percepção do lento cancelamento do futuro, que, como será adiante melhor detalhado, concerne à dimensão temporal e cultural do realismo capitalista, isto é, essa primeira fase seria uma breve extensão da fase crítica de Fisher, encerrando-a e abrindo caminho para a fase positiva, que corresponde à segunda parte do capítulo, voltada à hauntologia. Nessa parte, Fisher retoma alguns dos sentidos originalmente concebidos por Derrida, em especial aquele atinente a uma melancolia revolucionária, impulsionadora da busca de futuros perdidos.

Já o restante de *Ghosts of My Life* concerne a textos independentes, artigos e algumas entrevistas, com alguns apresentando um tom mais intimista, como o da crítica musical relativa à banda Joy Division, sendo outros mais abrangentes, voltados a questões maiores, como a interessante problematização do patriarcado que Fisher faz por meio da análise hauntológica do filme *O Iluminado* ou ainda aqueles voltados às reflexões sobre as questões raciais e as lutas do movimento negro, o que ocorre, por exemplo, nos textos em que Fisher trata do músico Tricky, em que aborda as questões do colorismo, ou aquele que versa sobre o documentário *As Canções de Handsworth* de John Akomfrah e do coletivo Black Audio, que registra as revoltas raciais ocorridas na Inglaterra em meados da década de 1980.

Em síntese, não obstante a relevância desses textos independentes, para os fins ora propostos, de balizamento das fases fisherianas, o texto central de *Ghosts of My Life* é aqui tido como sendo o primeiro capítulo, que versa sobre o lento cancelamento do futuro e a hauntologia, instaurando-se a última fase, que é muito mais propositiva, na qual Fisher passa a desenvolver de forma mais acentuada estratégias de superação e combate ao neoliberalismo e ao próprio capitalismo, em que o conceito de hauntologia é elevado ao nível de par dialético do realismo capitalista, deixando em segundo plano aquela dimensão da crítica musical, para ganhar contornos eminentemente políticos, que posteriormente, em sua produção tardia na terceira fase, desdobrou-se em outras percepções e conceitos, tais como os do desejo pós-capitalista e do comunismo ácido, podendo tal fase ser também designada como fase aceleracionista.

Ainda com relação às influências de Fisher, é possível identificar nas três fases forte presença de Deleuze e Guattari, Marx e Freud, havendo uma constante interação entre as questões da economia política e do desejo. Outra peculiaridade de Fisher, principalmente na segunda e terceira fases, diz respeito à mesclagem de diversas linhas teóricas de análise do neoliberalismo, dentre as quais os marxismos de David Harvey, Christian Marazzi e Deleuze, que são articulados com abordagens foucaultianas e até mesmo bourdieusianas, o que será melhor adiante detalhado no tópico pertinente ao neoliberalismo.

Especificamente com relação à psicanálise, cabe pontuar que Lacan ganha uma certa proeminência na segunda fase de Fisher, inclusive através de outros teóricos como Slavoj Žižek e Alenka Zupančič. Porém, na terceira fase, a psicanálise freudiana é retomada, principalmente por meio da forte influência do freudo-marxismo de Marcuse, especialmente exercida pela obra *Eros e a Civilização*, a qual serve de inspiração e fio condutor de desenvolvimento para um dos conceitos mais importantes de Fisher que é o do comunismo ácido. Ainda no que tange à psicanálise, cabe destacar que o conceito freudiano de infamiliar (*unheimlich*) permeia toda a obra de Fisher, estando presente desde *Flatline Constructs* até seu derradeiro texto de esboço do prefácio do livro *Comunismo Ácido*, o que será objeto de análise em tópico próprio.

No que toca à primeira fase, há uma proeminência de Deleuze e Guattari, bem como muita influência de autores como Jean Baudrillard e Jean-François Lyotard, o que guarda relação com a linha aceleracionista encabeçada pelo CCRU. Também na primeira fase há uma constante presença de Espinosa, cujo pensamento Fisher associa às suas concepções de imanência radical cyberpunk, o que pode ser percebido, por exemplo, em artigos como *Spinoza, K-punk, NeuroPunk* (K-punk – 13/08/2004 – Fisher 2018b, p. 694-698) ou *Emotional Engineering* (K-punk – 03/08/2004), no qual Fisher chega a afirmar que "Espinosa é o príncipe dos filósofos. Realmente, o único que você precisa. Ele deu por certo o que mais tarde se tornaria o primeiro princípio do pensamento de Marx, de que é mais importante mudar o mundo do que interpretá-lo" (artigo "Engenharia Emocional", blog *K-punk*, agosto de 2004, tradução nossa).

É certo que Espinosa se manteve como influência constante na obra de Fisher, com frequentes menções até sua fase tardia. No entanto, sem prejuízo dessa fidelidade ao filósofo holandês, Fisher foi visivelmente caminhando para o método dialético, inclusive por meio da influência de pensadores assumidamente dialéticos como Lacan, Žižek e Marcuse.

Cabe aqui ressalvar que, dentro dos limites do presente trabalho, não se avançará em um aprofundamento no debate filosófico acerca da relação do pensamento de Espinosa com a dialética, principalmente com aquela de matriz hegeliana. No entanto, essa mudança nas fases de Fisher, de um aparente câmbio de uma filosofia eminentemente imanentista para um pensamento do tipo dialético, permite vislumbrar uma potencial relevância de sua obra para o trato desse debate. Nessa linha, de rigor registrar que um relevante pensador do tema, Gregor Moder, autor de *Hegel and Spinoza – Substance and Negativity*, possui intercessões com o pensamento de Fisher, o que pode ser percebido em recente conferência da qual Moder participou acerca da obra de Fisher e do conceito de realismo capitalista.[14]

Na crítica cultural, a presença de Fredric Jameson perpassa toda a obra de Fisher, sendo que, nesse campo, outra influência que foi se acentuando na fase tardia de Fisher concerne aos teóricos vinculados à tradição dos Estudos Culturais Britânicos, notadamente Stuart Hall, sendo possível até mesmo estabelecer Fisher como uma espécie de sucessor dos Estudos Culturais, principalmente no que diz respeito à articulação entre economia política e a crítica da cultura popular, bem como pela costura entre cultura e ideologia. Ademais, há referências expressas a Hall na obra de Fisher, as quais aparecem em importantes textos de referência, sendo possível destacar os artigos *No Romance Without Finance* e *How to Kill a Zombie: strategizing the end of neoliberalism* (2018b, p. 463 e 540) e, principalmente, o esboço de *Comunismo Ácido*[15] (2018b, p. 761).

Ainda quanto à conexão entre Fisher e Hall, há o interessante artigo de Simmon Hammond, *K-Punk Ampliado*, o qual traz um perfil biográfico e teórico de Fisher, fazendo um paralelo justamente com Stuart Hall. Nesses termos, Hammond faz o seguinte cotejamento:

> No caso de ambas as figuras, que operavam em diferentes pontos da restauração neoliberal, essa era a realidade política que consumia suas energias. Em suas nítidas reflexões sobre o surgimento, as modalidades, os efeitos e a resistência do

---

14. Recentemente, em outubro de 2021, Gregor Morder participou de uma conferência denominada *Mark Fisher and Our Contemporary Moment: Is ther still no alternative?* juntamente com outra parceira intelectual de Fisher, a filosofa Nina Power, na qual discutiram a obra de Mark Fisher e o conceito de realismo capitalista à luz da conjuntura atual (disponível em https://youtu.be/JseMhY5qTPk).

15. Uma das últimas obras analisadas na pesquisa deste trabalho diz respeito a um documentário sobre a vida e a obra de Stuart Hall, *The Stuart Hall Project*, dirigido por John Akomfrah (o mesmo do documentário *As Canções de Handsworth* que é analisado em *Ghosts of My Life*). Esse documentário é expressamente aludido por Fisher no esboço do *Comunismo Ácido*. Contudo, para além do filme propriamente dito, a pesquisa revelou uma grata surpresa, eis que no encarte do DVD há uma resenha crítica redigida por Mark Fisher, na qual há algumas reflexões de Fisher que posteriormente seriam rearticuladas em *Comunismo Ácido*, o que somente reforça a ligação entre a obra desses dois teóricos.

neoliberalismo, ambos concordaram com o primado da cultura como ferramenta analítica e como substância de suas conjecturas. De maneira mais destacada, a oposição que ambos organizaram pode ser caracterizada como explicitamente modernizadora: sua atenção se concentrou na necessidade de se adaptar aos tempos, enquanto suas críticas se dirigiam ao que identificavam como sendo o fracasso da esquerda em capturar as características da época, de modo a dar uma resposta mais apropriada (Hammond, 2019, p. 5, tradução Fabrício Silveira e Matheus Borges).

Para além dos Estudos Culturais, outra tradição na qual Fisher pode ser inserido como uma espécie de sucessor, concerne à Teoria Crítica desenvolvida por pensadores da chamada Escola de Frankfurt. Afinal, ao utilizar elementos da economia política, concatenados com a crítica cultural[16] e a psicanálise, Fisher se coloca em uma linha de reflexão próxima daquela esposada por Adorno e Horkheimer em obras como a *Dialética do Esclarecimento*, sem, contudo, se enveredar pelo academicismo e pelo elitismo cultural.

Ainda no que tange à Escola de Frankfurt, há uma patente aproximação de Fisher com Marcuse,[17] principalmente no esboço de *Comunismo Ácido*, assumidamente inspirado em ideias extraídas de *Eros e a Civilização*, em especial a concepção de Marcuse de que o caráter civilizatório do capitalismo faz com que esse sempre tenda a obstar o surgimento de novas formas de produção e organização social, ao mesmo tempo em que o capital passa a ser assombrado por aquilo que procura bloquear, o que Marcuse

---

16. No que diz respeito especificamente à crítica cultural, é possível vislumbrar uma proximidade maior de Fisher com os Estudos Culturais Britânicos do que em relação aos frankfurtianos, na medida em que esses, principalmente Adorno e Horkheimer, possuem uma visão mais pessimista para com a cultura popular e de massas, enquanto Fisher, assim como os teóricos dos Estudos Culturais, enaltecem e procuram extrair energias revolucionárias, de resistência e de agenciamento político justamente da cultura popular e das chamadas subculturas, naquilo que Fisher costuma designar de "modernismo popular".

17. Nesse sentido, da relação entre Fisher e a Escola de Frankfurt, principalmente no que diz respeito à obra de Marcuse, é possível mencionar o livro de Mike Watson, *The Memeing of Mark Fisher – How The Frankfurt School Foresaw Capitalist Realism and What To Do About It*.

designou como "o espectro de um mundo que poderia ser livre" (Marcuse, 2018, p. 70).

Fora essa ligação mais explícita entre o comunismo ácido de Fisher e *Eros e a Civilização* de Marcuse, representativas de uma dialética positiva, que busca a emancipação pela via do desejo, também é possível fazer um paralelo teórico entre os livros *Realismo Capitalista* e o *Homem Unidimensional*, com ambas as obras representando uma dialética negativa, mas variando conforme a fase do capitalismo, com Fisher fazendo a crítica da sociedade pós-fordista e neoliberal do início do século XXI, enquanto Marcuse tinha por horizonte o apogeu do fordismo, do início da década de 1960.

Nesse sentido de proximidade entre os autores, é possível retomar o já referido artigo de Hammond, mais precisamente na parte em que alude às influências de Marcuse no comunismo ácido de Fisher:

> Nesta última obra, o sonho de um mundo que pudesse ser diferente adquire traços mais visionários e sobrenaturais, que apontam ao "que está além da percepção, cognição e experiência correntes". Essa tendência culmina em seu último escrito importante, que constitui agora a peça final dessa nova coletânea, a introdução ao que teria sido o seu quarto livro, Comunismo Ácido [...] O giro de pensamento que se produz aqui em relação a Realismo Capitalista é semelhante ao que distingue o Herbert Marcuse de O Homem Unidimensional (1964) do Herbert Marcuse de Eros e a Civilização (1955), no qual Fisher se baseia (Hammond, 2019, p. 30, tradução Fabrício Silveira e Matheus Borges).

Em termos próximos, de um cotejamento entre o *Realismo Capitalista* e *O Homem Unidimensional*, a filósofa Nina Power aduz que tais obras seriam eminentemente críticas em um sentido negativo analítico, pois "tanto Marcuse quanto Fisher operam, acima de tudo, como diagnosticadores, como analistas do panorama geral" (Power, 2017, p. 11, tradução Barbará Santos).

Deixando as conexões de Fisher com os frankfurtianos e a Teoria Crítica, cabe também realçar as interseções com pensadores que tratam das questões de raça, dentre os quais Paul Gilroy e o já mencionado Stuart Hall, também havendo sinergia de Fisher com pensadores do afrofuturismo, dentre os quais seu amigo e companheiro de universidade, Kodwo Eshun. Além disso, principalmente em sua terceira fase, Fisher passou a inserir em suas reflexões abordagens feministas, dentre as quais as de Nancy Hartsock, Ellen Willis, Silvia Federici e Helen Hester. Todas essas interseções, das lutas de superação do capitalismo, com as costuras de classe, raça e gênero, serão objeto de muitas das reflexões de Fisher em sua fase tardia, o que será mais aprofundado no capítulo pertinente ao comunismo ácido.

Também é possível relacionar a obra de Fisher com a de diversos outros teóricos de relevo dentro do campo crítico-marxista e filo-marxista, tais como Althusser, Lukács e principalmente Derrida.[18] No entanto, reiterando aqui o aspecto não exauriente de todas essas referências, há que se destacar a profícua influência e sinergia entre o pensamento de Mark Fisher com o da teórica estadunidense Jodi Dean.

Nessa linha, há uma influência mais evidente exercida por Dean em Fisher, principalmente no que tange à dimensão digital do realismo capitalista, que pode ser concebida, nos termos propostos por Dean, como sendo aquilo que a teórica denomina como "capitalismo comunicativo" - o qual será tratado no tópico do realismo capitalista - e que Dean desenvolve em suas obras *Democracy and Other Neoliberal Fantasies: Communicative Capitalism & Left Politics* (2009),[19] *The Blog Theory* (2010) e *The Communist Horizon* (2012).

---

18. A ligação com Derrida é mais evidente e será analisada mais profundamente ao tratarmos do conceito da hauntologia, cabendo pontuar que, apesar de tal influência, Fisher se mostrou bastante crítico a Derrida, chegando a designá-lo como um "pensador frustrante" (2014, p. 16). Dentre os textos em que Fisher dialoga com Althusser, é possível citar artigo *Abstrações reais – A aplicação da teoria ao mundo moderno*, com o qual pudemos contribuir na tradução de Reginaldo Gomes e Maria Victória Limoeiro. Finalmente, a influência de Lukács aparece com destaque em textos e conferências, principalmente na disciplina *Post Capitalist Desire*, em que Fisher trata da questão da consciência de classe, a qual o teórico inglês costuma designar como consciência de grupo (Fisher, 2021, p. 43-44).

19. Há aqui o cuidado de indicar a data das obras de Dean, no sentido de evidenciar que referidos livros foram posteriores ao *Realismo Capitalista* de Fisher e assim influíram nas

Porém, há outras influências vindas da teórica estadunidense, as quais, apesar de não tão aparentes, são igualmente relevantes na produção fisheriana. Nesse sentido, é possível mencionar o paradigmático conceito do "horizonte comunista", que Dean articula no livro homônimo, *The Communist Horizon* (2012), cuja influência se percebe como fonte de inspiração do comunismo ácido,[20] também havendo uma ressonância de Fisher em Dean no que tange à dimensão política do conceito de camaradagem como *locus* de pertencimento político, o que também será oportunamente tratado.

Em suma, muitas são as influências e interações de Fisher com outros teóricos e escolas. No entanto, ainda cabe tratar sua obra como representativa de duas linhagens mais amplas do pensamento crítico, uma delas, mais tradicional, que concerne à crítica da ideologia, sendo a outra, mais recente, relativa ao debate aceleracionista.

1.5 FISHER E A CRÍTICA DA IDEOLOGIA

A questão da ideologia é altamente ampla e complexa, sendo que o próprio termo "ideologia" possui múltiplas acepções, tanto negativas, quanto positivas, ensejando distintos entendimentos e reflexões acerca do tema. Diante de toda essa complexidade não caberia dentro deste tópico uma explanação mais aprofundada e detalhada de todas essas vertentes. Contudo, como a ideologia é

---

reformulações e ampliações do conceito de realismo capitalista em Fisher em intervenções subsequentes ao livro homônimo de Fisher.

20. Conforme será visto mais adiante, o conceito de comunismo ácido foi desenvolvido após uma série de tentativas de Fisher em designar um termo que pudesse se contrapor ao realismo capitalista. Fisher sempre declarou sua relutância em adotar as expressões socialismo ou comunismo, tendo em vista uma perspectiva publicitária ou de relações públicas, no sentido de tentar capturar a atenção de pessoas de fora do espectro da esquerda, reputando as expressões comunismo e socialismo como muito vinculadas aos países do socialismo realmente existente, cujas experiências eram objeto de certa reserva por parte de Fisher. No entanto, em *The Communist Horizon*, a teórica Jodi Dean rebate tal percepção e defende fortemente o termo comunismo como aquilo que efetivamente se contrapõe ao capitalismo. Portanto, considerando essa relutância inicial de Fisher à luz da forte influência do pensamento de Dean em sua obra, com Fisher fazendo diversas referências a ela em sua produção, inclusive ao mencionado livro, é razoável intuir que o termo "horizonte comunista" tenha sido uma espécie de protoconceito, que influenciou o pensador inglês na formatação de seu "comunismo ácido".

um tema central na obra de Mark Fisher, cabe aqui estabelecer alguns parâmetros conceituais. Segundo Marilena Chauí, ideologia pode ser definida como "um ideário histórico, social e político que oculta a realidade, e esse ocultamento é uma forma de assegurar e manter a exploração econômica, a desigualdade social e a dominação política" (2017, p. 3), sendo talvez essa a acepção mais usual do termo, em uma conotação negativa, de algo ilusivo, que mascara a realidade e que se presta à dominação.

No entanto, o termo ideologia surgiu a partir de uma perspectiva positiva, o que se deu com o advento da obra de Destutt de Tracy, *Elementos de Ideologia*, publicada ao tempo da Revolução Francesa, em 1801, que tinha como proposta a formatação de uma nova disciplina, a "ideologia". Tal disciplina corresponderia a uma ciência das ideias, que combateria as falsas compreensões do mundo, buscando a mais exata percepção da realidade objetiva, sendo esse o papel originário do grupo de pensadores do qual Tracy fazia parte, os então chamados "ideólogos", que foram partidários de Napoleão, inclusive apoiando o golpe por ele implementado quando do 18 de Brumário, intuindo que ele compartilhava das mesmas aspirações liberais. Porém, tal alinhamento não perdurou por muito tempo, não demorando para que os ideólogos, que inclusive ocupavam cargos governamentais, passassem a se opor a Napoleão, o qual os afastou, bem como fechou sua academia, ocasião em que o próprio imperador deu a tônica negativa à expressão ideologia. Nesse sentido, observa Leandro Konder:

> Na época em que os *ideólogos* expunham suas concepções, nos anos que se seguiram à publicação do livro de Destutt de Tracy, quem governava a França era Napoleão Bonaparte. O grupo deu sinais de que deseja ensiná-lo a dirigir o Estado [...] Napoleão enfureceu-se, acusou os *ideólogos* de cultivarem uma "tenebrosa metafísica" [...] foi com Napoleão, portanto, que o termo *ideologia* – que havia surgido com sentido exaltadamente positivo – passou a ter acepção asperamente negativa. E essa acepção negativa prevaleceu nas décadas seguintes (KONDER, 2020, p.30).

É justamente a partir desse sentido negativo que Marx, juntamente com Engels, retoma o tema, para criticar a ambiência intelectual alemã hegeliana e pós-hegeliana, na importante obra *A Ideologia Alemã*. De igual modo, do lado conservador, será esse aspecto negativo que também irá perdurar, mas com a peculiaridade de que o termo passará a designar tudo aquilo que foge aos dados e às técnicas objetivas e das ciências, ao passo que, no pensamento crítico, a ideologia será tratada como aquilo que busca ocultar ou inverter as relações e nexos causais entre as ideias e a realidade.

É nessa tradição da crítica à ideologia que muito bem se insere a obra de Fisher, sendo possível identificar diversos pontos de contato de seu pensamento com o de outros nomes da tradição marxista usualmente relacionados à crítica da ideologia. Por exemplo, com relação à Gramsci, Fisher costuma fazer um paralelo entre o pensamento do socialista italiano com a estratégia neoliberal em termos de uma "guerra de posição", visando o estabelecimento de uma "hegemonia" em sentido gramsciano. Também é possível constatar diversas menções a Althusser, notadamente no que concerne à produção da ideologia a partir de práticas, em uma visão que abarca o caráter estrutural e estruturante da ideologia, isto é, rituais ao mesmo tempo criam e são criados pela ideologia.

Porém, cabe desde já assinalar que Fisher tem interessantes acréscimos à tradição da crítica marxista da ideologia, não se tratando de uma mera atualização de reflexões anteriores para o tempo atual do pós-fordismo e do neoliberalismo. Assim, por exemplo, Fisher propõe que o realismo capitalista não corresponderia somente a um discurso ocultador da verdade, mas também a algo capaz de conformar a própria realidade, o que se conecta com outro importante conceito que Fisher traz dos tempos do CCRU, que concerne à chamada hiperstição, a qual é bem definida por Victor Marques e Rodrigo Gonçalves, como sendo "um neologismo que combina o termo superstição com o prefixo hiper para se referir a uma tecnociência experimental de profecias autorrealizáveis" (2020, p. 170). Assim, prosseguem Marques e Gonçalves:

A hiperstição é precisamente onde a teoria-ficção se encontra com o ciberpositivo: trata-se de narrativas capazes de efetuar sua própria realidade por meio de alças de retroalimentação positiva, fazendo emergir novos atratores sociopolíticos e explodindo arranjos vigentes – transmutando ficções em verdades. Se entendermos por "superstições" meramente crenças falsas, sem eficácia, as hiperstições funcionam causalmente para produzir sua própria realidade (Marques e Gonçalves, 2020, p. 170).

E é muito nessa medida hipersticional que a ideologia se apresenta em Fisher, ou seja, como uma narrativa que, de tanto ser repetida acaba ela própria se transformando a realidade, como profecia autorrealizável, diluindo as fronteiras entre a realidade e o imaginário, gerando uma espécie de circuito retroalimentado, no qual causa e efeito se mesclam:

> Desde o início, a "economia" foi a causa-objeto de uma "ciência" burguesa, que hipersticionalmente se impulsionou para a existência, e então dobrou e derreteu a matéria, deste e de todos os outros mundos, para se adequar a seus pressupostos, isto é, a maior realização teocrática em uma história que nunca foi humana, um imenso truque de prestidigitação que funciona ainda melhor porque veio envolto naquele empirismo inglês e escocês úmido e cinzento que afirmava ter se livrado de todos os deuses (Fisher, 2018b, p. 606, tradução nossa).

Desse modo, para Fisher, a ideologia está muito distante da antiga dicotomia estrutura e superestrutura, mas sim impregnada nas próprias formas sociais, notadamente a forma mercadoria, em um circuito hipersticional de causa e efeito, em uma imbricação metabólica, sendo essa a camada mais profunda da ideologia.

No entanto, o teórico inglês também trabalha com a ideologia em grau de abstração intermediário, ou seja, há um caráter eminentemente hipersticional, em que as ideias automaticamente se mesclam à reprodução do capital. Porém, o capitalismo não concerne apenas ao sujeito automático produtor do mais valor. Também há os demiurgos, os guardiões do capital, que conseguem minimamente estabelecer regulações sociais viabilizando a reprodução capitalista, sendo que Fisher também trabalha tal dimensão, muito próxima ao pensamento de Foucault acerca do ideário liberal e neoliberal, que não seria uma simples filosofia ou ideologia, mas sim uma "tecnologia de governo" (2010, p. 69), isto é, ideias que não apenas ocultam uma realidade, mas que criam sua própria verdade, o que também coloca o teórico inglês muito próximo de Bourdieu e sua noção de *doxa*, ou seja, o "conjunto de crenças fundamentais que nem sequer precisam se afirmar sob a forma de um dogma explícito e consciente de si mesmo" (2007, p. 28).

Em suma, Fisher aborda a ideologia por distintos ângulos e níveis de abstração, desde aquele mais profundo, vinculado ao metabolismo do capital e à crítica da economia política, passando por níveis intermediários, pertinentes a noções de governabilidade e de poder simbólico presentes respectivamente em Foucault e Bourdieu.

1.6 FISHER E O DEBATE ACELERACIONISTA

Já foi mencionado que Fisher fez parte do coletivo CCRU, o qual é uma referência dentro da teoria ou debate aceleracionista. Além disso, a própria obra de Fisher é muitas vezes inserida nesse contexto teórico, principalmente como paradigma daquilo que seria um "aceleracionismo de esquerda". Diante disso e da contingência de existirem poucas obras sobre o aceleracionismo no Brasil, faz-se necessária a exposição do debate aceleracionista, inclusive à luz da cartografia mascariana do novo marxismo, balizando a posição de Fisher dentro desse debate.

Em apertada síntese, é possível definir o aceleracionismo como *práxis* ou linha filosófico-política, que, essencialmente, defende a aceleração dos processos de reprodução capitalista como forma ou estratégia de superação do próprio capital. O termo "aceleracionismo" tem sua origem usualmente atribuída a Benjamin Noys, em sua obra *The Persistence of The Negative* (2010), na qual a expressão "aceleracionismo" é formulada em um sentido pejorativo:

> Eu gostaria de começar isolando uma série de intervenções teóricas feitas no início dos anos 1970, que correspondem à nova atmosfera libertária desencadeada pelo maio de 68. A confluência de vários discursos de libertação, notadamente o da liberdade sexual, produziu novos discursos dirigidos contra o capitalismo, mas também contra os limites da esquerda existente. Enquanto muitos da esquerda responderam ao rápido refluxo dos eventos de maio com apelos à disciplina maoísta ou leninista, outros argumentaram em favor de um caminho quase anarquista, de libertação de todas as estruturas de disciplina, fossem de esquerda ou de direita. Três obras foram expressões-chave dessa tendência e foram frequentemente agrupadas, não obstante seus recíprocos antagonismos, como "filosofia do desejo". O Anti-Édipo de Gilles Deleuze e Félix Guattari (1972); Economia Libidinal de Jean-François Lyotard (1974); e a Troca Simbólica e a Morte de Jean Baudrillard (1976). Todos esses textos mostram a formação de seus autores por correntes da ultraesquerda, e cada um tenta superar o outro em termos de radicalismo. Particularmente eles tentam responder a um enunciado posto por Marx, de que a verdadeira barreira da produção capitalista seria o próprio capital. Eles argumentam que devemos romper essa barreira e virar o capitalismo contra si mesmo. Eles são uma variante exótica da *"politique du pire"*: se o capitalismo gera suas próprias forças de dissolução, então há a necessidade de radicalizar o próprio capitalismo, quanto melhor pior. Podemos chamar essa tendência de aceleracionismo (Noys, 2010, p. 4-5 , tradução nossa).

Essa é a origem próxima do conceito de aceleracionismo. No entanto, a partir do próprio mapeamento feito por Noys, é possível vislumbrar a origem da expressão aceleracionismo em o *Anti-Édipo* de Deleuze e Guattari, mais precisamente no seguinte excerto:

> Mas haverá alguma via revolucionária? — Retirar-se do mercado mundial, como Samir Amin aconselha aos países do Terceiro Mundo, numa curiosa renovação da "solução econômica" fascista? Ou ir no sentido contrário, isto é, ir ainda mais longe no movimento do mercado, da descodificação e da desterritorialização? Pois talvez os fluxos ainda não estejam suficientemente desterritorializados e suficientemente descodificados, do ponto de vista de uma teoria e de uma prática dos fluxos com alto teor esquizofrênico. Não se retirar do processo, mas ir mais longe, acelerar o processo, como dizia Nietzsche: na verdade, a esse respeito, nós ainda não vimos nada (Noys, 2017, p. 318, tradução nossa).

É a partir desse marco de surgimento, que remonta ao final da década de 1960, que, em *The Persistence of The Negative*, Benjamin Noys sintetiza o caminho do debate até o momento atual, explicando que o pensamento dos precursores dos anos 60 e 70 foi reprocessado e energizado nos anos 90, no contexto dos estudos do CCRU, os quais tinham como principal referência teórica o livro *Economia Libidinal* de Lyotard. Contudo, ainda segundo Noys, a linha de pesquisa do CCRU apresentava uma certa tendência conservadora ou reacionária que o autor espirituosamente denominou como "thatcherismo deleuziano",

> No início dos anos 90, quando eu encontrei o trabalho de Nick Land e a Unidade de Pesquisa em Culturas Cibernéticas (CCRU) enquanto trabalhavam em uma tese sobre Georges Bataille [...] Land e o CCRU abandonaram rigorosamente quaisquer resíduos humanistas. Land e seus colegas da Universidade de Warwick lutaram por um novo estado pós-humano além de qualquer forma do sujeito, exceto os processos delirantes do próprio capital. Eles alegaram que a replicação e o reforço dos processos de desterritorialização

do capital - de fluxo e fluxo - levariam a um capital ofensivo cibernético que não poderia mais controlar. Lendo esse aceleracionismo completo ao lado de discussões sobre a Nova Direita e seu objetivo de "dissolver" o Estado me levou, na época, a cunhar o termo "thatcherismo deleuziano" (Noys, 2014, p. 88, tradução nossa).

Em termos semelhantes também cabe trazer a crítica de Holge Schulze:

> O grupo de pessoas associadas ao CCRU estava inicialmente reunido em torno da teórica Sadie Plant – que saiu em 1997, para publicar seu livro ciberfeminista *Zero and Ones, Digital Women and the New Technoculture* - e Nick Land, que assumiu o papel de uma espécie de patriarca do CCRU, avatar e diretor espiritual. Embora Nick Land seja claramente um autor central nas listas de leitura da *Alt-Right*, neorreacionários e neofascistas nos anos 2010, essa trajetória adicional, correlata a um hiperracismo eugênico insanamente antidemocrático e desumano (não apenas pós-trans-humano) não estava clara no final dos anos 90. Portanto, esse desenvolvimento posterior (e deterioração, como eu diria) dele como escritor e pensador não deve ser confundido com seus esforços acadêmicos anteriores no CCRU. No entanto, certos germes e núcleos de sua inclinação fascista podem ser encontrados em suas primeiras explorações e ruminações (Schulze, 2020, p. 224-225, tradução nossa).

No entanto, quando do advento de *The Persistence of The Negative*, a crítica então feita por Noys ao aceleracionismo ensejou uma resposta de Mark Fisher e de outros teóricos oriundos do CCRU, a qual ocorreu no evento denominado Simpósio Aceleracionista, realizado em 14 de setembro de 2010, do qual o próprio Noys participou, e que teve como mote a contraposição ou cotejamento do livro de Noys com os escritos de Nick Land, que então estavam prestes a serem lançados na compilação *Fanged Noumena: Collected Writings 1987-2007*.

Nesse ponto, Damares Bastos Pinheiro observa:

> Destaca-se o ano de 2010, no qual Noys foi convidado a participar de um evento onde alguns dos membros da CCRU assumem e defendem o termo cunhado por ele, mas de uma maneira positiva, como Mark Fisher e Srnicek, realizando o primeiro "Simpósio Aceleracionista", em que Noys apresentou sua obra *"The Persistence of the Negative"*, investigando as origens e influências desse pensamento, e um texto especial para o evento intitulado *"The Grammar of Neoliberalism"* (2010), onde expressa categoricamente não haver qualquer diferença entre o aceleracionismo e o neoliberalismo, e direcionando sua crítica ao pensamento de Land (Pinheiro, 2020, p. 10).

Em uma resposta simultânea, tanto às instigantes provocações de Noys, quanto em relação à obra de Nick Land, Fisher lê no simpósio um texto que viria a ser uma das obras de referência do chamado "aceleracionismo de esquerda". Trata-se do escrito *Exterminador vs Avatar*, no qual o autor usa como alegorias os referidos filmes, tentando uma espécie de meio termo entre eles, no sentido de que as forças aceleradoras dos *"chips"* do Exterminador do Futuro não podem ser tidas como uma solução em si mesmas, ao passo que o regresso à fase pré-capitalista também não seria viável - a não ser por meio do subterfúgio da alta tecnologia de *Avatar* - e não encontraria respaldo nas energias libidinais da classe trabalhadora. Prosseguindo sua explanação, Fisher lança três proposições: "todo mundo é aceleracionista"; "o aceleracionismo nunca aconteceu" e "o marxismo não é nada se não for aceleracionista".

Considerando as circunstâncias do simpósio, a primeira afirmação, "todo mundo é aceleracionista", de pronto se apresenta como posicionamento político contrário às críticas de Noys e, em termos lógico-literais, afigura-se mais como articulação retórica do que como proposta científica. Afinal, a aceleração é uma grandeza vetorial, cuja identificação depende de uma certa medida e variação de velocidade dentro de um determinado fragmento temporal, sendo assim fundamentalmente relacional. Portanto, a universalização da posição aceleracionista por meio da expressão "todo mundo é aceleracionista" perde sentido e até mesmo poderia equivaler à sua aparente antítese, isto é, "ninguém é aceleracionista".

No entanto, uma interpretação sistemática da obra de Fisher, à luz das circunstâncias da resposta a Noys, autoriza concluir que a assertiva "todo mundo é aceleracionista" corresponde ao pensamento de Fisher acerca da dinâmica do desejo e do psiquismo, no sentido de que um impulso adiante é intrínseco à humanidade, notadamente sob a égide do modo de produção capitalista e, sendo assim, qualquer possibilidade emancipatória acaba passando por tais estruturas psíquicas.

Já a afirmação "o aceleracionismo nunca aconteceu" é uma dupla resposta, pois suscita a ideia de que o que Noys critica, na realidade, não é o aceleracionismo, mas sim o próprio neoliberalismo, o qual teria sido equivocadamente louvado por Nick Land, o que, de certo modo, surge como mais um elemento da crítica ao realismo capitalista, o que será mais adequadamente abordado no tópico próprio, cabendo aqui destacar o viés emancipatório que Fisher atribui às forças aceleradoras, as quais seriam refreadas pelo próprio capital, o qual, na terminologia que Fisher empresta de Deleuze e Guattari, com uma mão desterritorializa as formas sociais anteriores (em um processo de decomposição e dessacralização), mas com a outra as reterritorializa em quadrantes individuais.

Já o postulado "o marxismo não é nada se não for aceleracionista" pode ser interpretado em três dimensões. A primeira e mais evidente diz respeito a uma constante no pensamento de Fisher, que é a crítica daquilo que o autor considera como sendo uma esquerda tradicional, que não soube lidar com as exigências de representação que emergiram na sequência do maio de 68, em especial aquelas vindas do movimento feminista e do movimento negro. Já a segunda concerne a uma crítica direta ao pensamento de Noys, o qual trata o aceleracionismo como uma "heresia marxista", ou seja, uma leitura descontextualizada, equivocada e contrária à própria dialética marxiana. Em tal crítica, pondera Noys:

> Os aceleracionistas teóricos tentam quebrar essa dialética da redenção enfatizando apenas o momento violento da destruição criativa. No lugar da sociedade justa gerada pela luta, é a aceleração que se torna o veículo da redenção desencantada. Isso os torna hereges de Marx. Enquanto os aceleracionistas teóricos clássicos frequentemente adotam temas nietzscheanos de contingência e acaso, em termos de aceleração eles tendem a restabelecer as formas mais teleológicas do marxismo. Para resolver este problema, o aceleracionismo projeta contingência para o capitalismo, que se torna uma forma social anti-teleológica ou "acéfala". Ao fazer essa projeção, os aceleracionistas tomam como fato a fantasia fundamental do capitalismo de produção autogerada. Eles são um exemplo arquetípico dos fetichistas do capital. Certamente, como vimos, essa fantasia de produção autogerada está presente em Marx. Acho que a crítica dessa fantasia é uma necessidade fundamental. Embora possamos certamente apenas começar a construir uma sociedade justa com base naquilo que já existe, isso não implica aceitar tudo o que existe ou aceitar o que existe como dado. Esta é uma questão política crucial: como podemos criar mudanças a partir do "mal novo" sem replicá-lo? Claro, a resposta aceleracionista é replicar mais porque a replicação levará à "implosão" do capital. A replicação, porém, reforça o domínio do capitalismo, deixando-nos dentro do capital como o horizonte insuperável de nosso tempo (Noys, 2014, p. 8-9, tradução nossa).

Nesse ponto, cabe destacar que alguns dos teóricos aceleracionistas remetem a origem do debate às obras do próprio Marx, com especial referência a um trecho específico dos *Grundrisse*, que ficou conhecido como "o fragmento das máquinas". É o caso de Armen Avanessian e Robin Mackay no texto de introdução à compilação *#Accelerate: the accelerationist reader*.

> Karl Marx é representado talvez em sua escrita mais abertamente aceleracionista, o "Fragmentos das Máquinas" dos *Grundrisse*. Aqui, Marx documenta a importante mudança entre o uso do trabalhador de ferramentas como órgãos protéticos para amplificar e aumentar as habilidades físicas e cognitivas humanas (força de trabalho) e a produção da máquina propriamente dita, datando esta última ao surgimento de um "sistema automático de máquinas" integrado em que o conhecimento e o controle da natureza alavancados à medida que o processo industrial suplanta os meios diretos de trabalho. Dentro desse sistema, o trabalhador torna-se cada vez mais uma prótese: ao invés do trabalhador animando a máquina, a máquina anima o trabalhador, tornando-o parte de seu 'organismo poderoso', um 'órgão consciente' sujeito a seu virtuosismo ou 'poder estranho'. Os indivíduos são incorporados a uma nova cultura maquínica, assumindo hábitos e padrões de pensamento adequados ao seu mundo, e são irreversivelmente ressubjetivados como seres sociais (Avanessian e MacKay, 2014, p. 10, tradução nossa).

Em termos semelhantes, mas agora retroagindo um pouco mais na obra marxiana, Victor Marques e Rodrigo Gonçalves também apontam o *Manifesto Comunista* como texto de sentido aceleracionista:

> O *Manifesto Comunista* desenha nitidamente como a sociedade burguesa articula um circuito de retroalimentação positiva: o nascimento da grande indústria, argumenta Marx, cria o mercado mundial, que acelera enormemente o desenvolvimento do comércio e dos meios de comunicação

e de transporte, o que por sua vez retroage sobre a expansão da indústria. O resultado é precisamente um "processo de fuga" [runaway process]. É isso que permite à burguesia desempenhar um papel revolucionário na história, criando "maravilhas maiores que as pirâmides do Egito, os aquedutos romanos, as catedrais góticas". Marx insiste que o capitalismo não pode existir "sem revolucionar incessantemente os meios de produção"; o efeito dissolvente, ácido, desterritorializante do capital é tal que "tudo que é sólido e estável se desmancha no ar". No célebre "Fragmento das máquinas" (outra peça inspiradora do aceleracionismo), dos *Grundrisse*, Marx chega a especular sobre um futuro no qual a tendência interna do capital de pressionar em direção ao aumento de produtividade do trabalho e à substituição do trabalho vivo por trabalho morto leva à automação total da produção (Marques e Gonçalves, 2020, p.197).

Portanto, nessa percepção do aceleracionismo como uma leitura originária do marxismo, Fisher formula a proposição de que o "marxismo não é nada se não for aceleracionista". Contudo, para além disso, cabe destacar que essa assertiva também pode ser lida como uma espécie de autodeclaração marxista de Mark Fisher. Note-se que o autor, seguindo uma certa tradição política da *New Left*, sempre se debateu contra a burocracia e o rigor do socialismo realmente existente, que representaria, no ambiente de Fisher, uma espécie de sindicalismo conservador. Essa postura crítica ao socialismo realmente existente se revela, por exemplo, na busca de termos indicativos de superação do capitalismo que não os tradicionais conceitos marxistas de socialismo e comunismo, os quais Fisher, por exemplo, costumava substituir por pós-capitalismo. Por tudo isso, é bastante expressiva a escolha da palavra "marxismo" na mesma sentença que "aceleracionismo", sendo plausível a inversão da proposição em termos de um "aceleracionismo de esquerda", ou seja, "o aceleracionismo não é nada se não for marxista".

Sendo assim, o texto *Exterminador do Futuro vs Avatar*, bem como o próprio Simpósio Aceleracionista de 2010, além de abertamente posicionar Fisher, não apenas no espectro político da esquerda, como na própria tradição marxista, foi extremamente relevante para trazer o debate aceleracionista para o campo da esquerda, o que viria a se cristalizar poucos anos depois, em maio de 2013, no *Manifesto Aceleracionista* redigido por Nick Srnicek e Alex Williams, com sua crítica ao neoliberalismo, ao mesmo tempo vinculada à percepção da impossibilidade de um simples retorno ao fordismo, assim apontando para a superação do modo de produção capitalista:

> O capitalismo começou a restringir as forças produtivas da tecnologia, ou pelo menos, direcioná-las para fins desnecessariamente limitados. Guerras de patentes e monopolização de ideias são fenômenos contemporâneos que apontam para a necessidade do capital em ir além da competição e do uso cada vez mais retrógrado da tecnologia. Os aspectos aceleradores do neoliberalismo não levaram a menos trabalho ou menos estresse e, ao invés de um mundo de viagens espaciais, choques futuros e potenciais tecnológicos revolucionários, o que se vê é uma época em que a única coisa que se desenvolve são dispositivos de consumo ligeiramente melhores. Iterações implacáveis do mesmo produto básico sustentam a demanda marginal do consumidor às custas da aceleração humana. Não queremos voltar ao fordismo. Não pode haver retorno ao fordismo. A "era de ouro" capitalista teve como premissa e paradigma o ambiente ordeiro da fábrica, no qual os trabalhadores (homens) recebiam segurança e um padrão de vida básico, em troca de uma existência entediante e repressão social. Tal sistema se apoiava em uma hierarquia internacional de colônias, impérios e uma periferia subdesenvolvida; uma hierarquia nacional de racismo e sexismo; e uma hierarquia familiar rígida de subjugação feminina. Apesar de toda a

nostalgia que muitos podem sentir, esse regime é indesejável e praticamente impossível de retornar. Os aceleracionistas desejam liberar forças produtivas latentes. Neste projeto, a plataforma material do neoliberalismo não precisa ser destruída. Ela precisa ser reaproveitada para fins comuns. A infraestrutura existente não é um estágio capitalista a ser destruído, mas um trampolim para o lançamento em direção ao pós-capitalismo (Srnicek e Willian, 2014, p. 298-299, tradução nossa).

Ainda nessa toada, no ano seguinte ao manifesto, em 2015, Alex Williams e Nick Srnicek publicam outro texto paradigmático do aceleracionismo de esquerda, *Inventing the Future – Postcapitalism and a World Without Work* (Inventando o Futuro – Pós-capitalismo e um Mundo Sem Trabalho), sendo o título bem representativo da obra, em termos de um desenvolvimento das formulações do *Manifesto Aceleracionista*. No entanto, curiosamente, o termo aceleracionismo não aparece no livro, o que talvez possa ser explicado por uma decisão político-teórica dos autores, conforme posteriormente explicitado por Srnicek,[21] tendo em vista uma crescente vinculação do termo aceleracionismo a atos e grupos de extrema direita, o que tornaria a expressão equívoca e fonte de inadvertida apologia às ideologias reacionárias.

De qualquer modo, o debate aceleracionista e a disputa pelo termo entre os quadrantes políticos da direita e da esquerda continuou. Assim, por seu turno, em resposta a muitas das questões do Simpósio, Benjamin Noys retoma e reforça sua posição crítica ao aceleracionismo, publicando, em 2014, um livro especificamente voltado ao debate, denominado *Malign Velocities – Accelerationism and Capitalism*. Cabe no entanto ressalvar que,

---

21. "*Para ser sincero, não tenho certeza se a ideia de um aceleracionismo de direita e esquerda faz sentido, visto que pressupõe alguma base comum entre os dois, com uma decisão político-filosófica escolhendo entre os dois. É por isso que acho que o termo "aceleracionismo" se tornou inútil; passível de significar qualquer coisa para qualquer pessoa. Ainda estou para ver quaisquer perguntas, provocações ou insights interessantes surgindo da ideia de que existe um projeto aceleracionista comum que se subdivide em um gênero de direita e esquerda*" (entrevista para o site da editora VersoBooks, tradução nossa).

não obstante o pano de fundo geral crítico de Noys, esse também destacou alguns aspectos positivos do aceleracionismo, bem como forneceu uma tipologia mais detalhada do debate, remontando a Marx, passando pelo futurismo italiano do início do século XX, pelo socialismo realmente existente - representado nas políticas de Lênin (Nova Política Econômica), Mao (O Grande Salto Adiante) e a Revolução Cubana - até o debate mais atual, iniciado com Deleuze e Guattari, havendo também referência a autores tradicionalmente tidos como marxistas ou vinculados ao marxismo, tais como Walter Benjamin, Bertolt Brecht, Antonio Negri e Alain Badiou, os quais também foram qualificados por Noys como aceleracionistas.

Em *Malign Velocities*, Benjamin Noys conclui suas reflexões se colocando em uma espécie de termo médio, inclusive mais próximo das proposições aceleracionistas de Fisher, ressaltando não defender um simples retorno ao passado e nem uma desaceleração sistemática de processos políticos, mas destacando a necessidade em se reconhecer a relevância das lutas de outrora, com a advertências às lutas emancipatórias de que não se deve simplesmente abraçar aspectos supostamente benéficos do capitalismo, principalmente, do neoliberalismo, mas sim equacionar dialeticamente aquelas lutas passadas com as que estão por vir:

> Como resposta, não estou sugerindo um retorno ao ser humano ou um simples equilíbrio desacelerador, retraimento ou mesmo novo ascetismo. Nossa tarefa hoje é sustentar coletivamente formas de luta e negação que não ofereçam falso consolo, seja de esperança infundada, seja de cinismo e desespero absoluto. Em termos de sensibilidade política, não devemos ficar procurando rastrear implacavelmente patologias e tampouco celebrar sua futura transformação mágica em novos poderes. Começar a partir da miséria pode, em vez disso, envolver o desenvolvimento de formas de politização que poderiam não apenas reconhecer essa mesma miséria, mas também desvincular-se do que nos causa a miséria. Essa estranha montagem envolveria o

reconhecimento do atrito da integração, que não se coloca simplesmente como uma alternativa de duro ou suave, transcendente ou imersivo. Em vez disso, já estamos atolados até o pescoço em integrações, imersões e extrações potenciais e reais. A tensão desses momentos requer um sentido coletivo das lutas passadas e das lutas que virão, um reconhecimento de que a impossibilidade de trabalhar como é foi moldada não apenas pelo capitalismo, mas também pela resistência. Também envolve atenção à estética desses momentos de atrito, que codificam a tensão que o aceleracionismo deseja dissolver. Não há muito consolo ou celebração aqui, não é tão divertido quanto a montagem prometida pelo aceleracionismo, mas é um ponto de partida (Noys, 2014, p. 103-104, tradução nossa).

No que diz respeito à produção fisheriana, curiosamente o termo "aceleracionismo" não aparece uma única vez nos seus três livros publicados em vida, surgindo, pontualmente, em alguns artigos esparsos e em conferências, sendo que o próprio Fisher, em entrevista concedida em outubro de 2010, ou seja, pouco depois do Simpósio, admitiu que o aceleracionismo era um debate ou teoria não devidamente articulada. Disse Fisher:

O CCRU se definiu contra o estrangulamento esclerosado que uma certa velha esquerda moralizante exercia sobre a academia de humanas. Havia uma espécie de antipolítica exuberante, uma celebração "technihilo" da irrelevância da agência humana, em parte inspirada nos pró-mercados, linha anticapitalismo desenvolvida por Manuel DeLanda a partir de Braudel, e da seção de Anti-Édipo, que fala da mercantilização como o "caminho revolucionário". Essa foi uma versão do que Alex Williams chamou de "aceleracionismo", mas nunca foi devidamente articulada como uma posição política; a tendência é cair para um binário padrão, com o capitalismo e o libertarianismo de um lado e o Estado e a centralização do outro (Fisher, 2018, p. 629, tradução nossa).

Conforme será oportunamente analisado, as aspirações emancipatórias do aceleracionismo foram incorporadas nas reflexões de Fisher pertinentes à superação do capitalismo pela via do desejo. É o que se percebe em suas últimas conferências - nas quais tratou de conceitos como "comunismo de luxo" e "desejo pós--capitalista" - principalmente no esboço do "comunismo ácido". Apesar dessa convergência, Fisher não abordou explicitamente o tema em seus livros, fazendo-o apenas de passagem em artigos esparsos, sendo que o próprio documento *Exterminador do Futuro vs Avatar* diz respeito à transcrição de uma conferência, consistindo muito mais em um posicionamento político do que propriamente teórico.

Contudo, há um importante registro do pensamento de Fisher acerca do aceleracionismo, justamente em sua fase mais madura. Trata-se da gravação em áudio de uma conferência proferida em 18 de junho de 2016, na Universidade Jaguelônica, na Polônia, denominada *A Captura do Touchscreen: como o ciberespaço capitalista inibe a aceleração*. Em tal ocasião Fisher apresentou uma cartografia do aceleracionismo, bem como deu maior cientificidade às suas proposições aceleracionistas, expondo a problemática do ciberespaço e das tecnologias comunicacionais como um dos pontos de fissura na ideologia neoliberal, o que pode ser lido como uma extensão das teses do livro *Realismo Capitalista*.

Quanto à cartografia do aceleracionismo, Fisher indicou três caminhos ou fases do debate mais atual, ou seja, daquilo que pode ser definido como "novo aceleracionismo". A primeira fase tem como obras de referência o *Anti-Édipo* de Deleuze e Guattari e *Economia Libidinal* de Lyotard, sendo bem representada, em termos de movimento político e intelectual, pelo autonomismo italiano dos anos 70. Para Fisher, tanto as referidas obras, quanto o próprio autonomismo italiano, consistiram, em apertada síntese, na fusão da psicodelia vinda dos anos 1960 com uma política libidinal temperada pela tecnologia e um senso antiautoritário. Tal linha seria central nas políticas emancipatórias que Fisher viria a denominar como "comunismo ácido", no sentido de instigar os movimentos de esquerda em não lutar no negativo, em simplesmente "resistir" ou serem "anticapitalistas", mas também a fazerem uso de um empuxo libidinal, inerente à atmosfera libertária dos anos 60 e 70, a qual poderia ser resgatada no momento atual.

Ainda conforme a classificação fisheriana, a segunda fase do aceleracionismo seria aquela dos tempos do CCRU, fase essa em que a figura central era Nick Land, atrelada ao neoliberalismo dos anos 1990, energizada por uma certa psicodelia coletiva da cena *rave* e *pós-rave* britânica de então. Fisher descreve essa linha, notadamente o pensamento de Land, como uma espécie de "libertarianismo cósmico", mas que pela descrição de Fisher seria o aceleracionismo naquele sentido negativo descrito por Benjamin Noys, ou seja, "uma política do pior", que tenderia ao colapso do próprio capitalismo, por meio da genérica aceleração de todos os processos que lhes são inerentes. Em suma e em termos simples, essa segunda fase seria a do "aceleracionismo neoliberal ou de direita".

Prossegue Fisher, delineando o terceiro momento do debate, que corresponderia ao "aceleracionismo de esquerda", tendo por advento o já mencionado Simpósio de 2010, relembrando que naquela ocasião anterior, conforme a terminologia emprestada de Deleuze e Guattari, fora estabelecida a compreensão de que os processos aceleradores do capital, pertinentes a uma decodificação ou desterritorialização, que poderiam ter um cunho emancipatório, sofriam, em seguida, a constrição de uma força reterritorializadora.

Assim, conforme a percepção de Fisher, o aceleracionismo de esquerda não diz respeito a uma simples e genérica potencialização das energias do capital, mas corresponde a um manejo seletivo, mediante prévio e criterioso mapeamento das forças de cunho emancipatório (forças hauntológicas), as quais deveriam ser reforçadas ou aceleradas. Em outra frente, as forças reterritorializadoras, ou seja, aquelas tendentes ao enfraquecimento dos vetores emancipatórios deveriam ser combatidas (forças do realismo capitalista). A distinção entre tais linhas de força foi ficando mais nítida na medida que Fisher foi desenvolvendo sua teoria, o que será melhor explanado nas partes seguintes, respectivamente nos tópicos realismo capitalista e hauntologia. No entanto, cabe desde já pontuar que entre esses dois conceitos há uma espécie de disputa ou dialética, na qual, nos dizeres de Fisher, a hauntologia surge como sendo aquilo que o realismo capitalista tende a obstruir, o que, em última instância, é o horizonte "de um mundo que poderia ser livre".[22]

Especificamente com relação ao aceleracionismo de esquerda, cabe concluir que a questão mais problemática do debate talvez seja puramente terminológica, na medida em que a ideia de aceleração está muito vinculada às forças e ao discurso tipicamente neoliberal, o que se revela, por exemplo, na máxima de campanha de João Doria, típico representante do neoliberalismo, que, ao disputar a eleição para a prefeitura de São Paulo em 2016, adotou o slogan "acelera São Paulo", bem como nos motes neoliberais-toyotistas do "just in time" ou da "qualidade total", nos quais a aceleração se insere como valor positivo.

Portanto, se a direita tanto deseja avocar o termo, talvez seja melhor que ela fique com ele. Desse modo, é possível dar razão ou no mínimo considerar razoáveis os motivos pelos quais Williams e Srnicek contornaram o termo quando da publicação de *Inventing the Future*, sendo também muito representativo o fato de que Fisher, apesar de nunca ter abandonado a expressão, principalmente em aulas e palestras, também nunca utilizou o termo aceleracionismo em seus livros ou mesmo no esboço de introdução de *Comunismo Ácido*.

1.7 FISHER E O NEOLIBERALISMO

A expressão neoliberalismo é um termo com múltiplas acepções, com seus sentidos sendo objeto de disputa política e, nesse embate, há quem chegue a negar sua existência, qualificando a expressão como sem cientificidade, como uma simples estratégia das esquerdas de tentar rotular negativamente atores da direita. Porém, o neoliberalismo efetivamente existe e o próprio

---

22. "Espectro de um mundo que poderia ser livre" é uma frase de Marcuse, contida em *Eros e a Civilização*, que foi transformada por Fisher, em conceito chave, na sua proposta do comunismo ácido, que será adiante abordada.

esforço em escamoteá-lo, ao revés, constituiu um sério indicativo de persistência, ainda que envergonhada. Trata-se, ademais, de um conceito chave para a compreensão da obra de Fisher. Afinal, o neoliberalismo é o polo dialético contra o qual ele irá se debater ao longo de praticamente toda a sua obra, sendo que talvez, ao menos em um primeiro momento, mais que anti ou pós capitalista, o teórico inglês era fundamentalmente antineoliberal.

Para efeito de estudo e compreensão da obra de Fisher, cabe considerar três acepções de neoliberalismo. A primeira, que possui um sentido mais estrito, é aquela que considera o neoliberalismo apenas em sua dimensão macroeconômica, abrangendo as políticas das privatizações e o ideal de Estado mínimo, com a intervenção estatal limitada a uma espécie de arbitragem ou regulação geral da atividade econômica, eminentemente voltada para a garantia da estabilidade dos mercados. Tal dimensão foi muito presente na reestruturação dos países do capitalismo central, principalmente nos anos 1980, deles se espraiando para os países do Terceiro Mundo/Sul Global, os quais, diante de suas crescentes dívidas externas, coercitivamente infladas pela política monetária estadunidense, eram perversamente constrangidos a adotar o receituário do Consenso de Washington, importando em violento arrocho econômico e aumento das desigualdades sociais.

Outro sentido do neoliberalismo diz respeito à linha teórica, política e econômica, adotada pelo grupo de pensadores vinculados ou simpatizantes dos ideais defendidos pela Sociedade Mont Pèlerin,[23] dentre os quais os mais notórios são Friedrich Hayek e

---

23. Caso o neoliberalismo tivesse uma certidão de nascimento, seria razoável supor que nela estivesse a inscrição "Paris, agosto de 1938". Trata-se do local e do ano de realização do Colóquio Walter Lippmann, organizado pelo filósofo francês Louis Rougier. O evento teve como premissa a exposição e os debates acerca das concepções de Lippmann, externadas no livro The Good Society (1937), que por sua vez era francamente inspirado no pensamento de Hayek, e teve como objetivo estimular a criação de uma rede de intelectuais, voltada à restauração do liberalismo. Foi justamente no Colóquio que ocorreu o debate acerca da designação do nome dessa nova linha política e econômica restauradora, chegando-se então ao termo "neoliberalismo". Em tal ocasião, estavam presentes, além do próprio Lippmann e Hayek, pensadores como Ludwig von Mises, Alexander Rüstow, Wilhelm Röpke, Michael Polanyi, dentre outros. No entanto, o advento da Segunda Guerra Mundial interrompeu a empreitada de criação da organização que serviria como baluarte do neoliberalismo, a qual somente foi retomada em 1947, no encontro realizado numa localidade suíça denominada Mont Pèlerin, nascendo então a Sociedade Mont Pèlerin e que, desde então até os dias de hoje, articula toda

Milton Friedman, que desenvolveram todo um sistema de ideias que tentava servir de resposta, em quadrantes tipicamente liberais, à crise do liberalismo clássico, que culminou com a quebra da Bolsa de Nova Iorque em 1929. Tal sistema, em síntese, surgia como crítico do *laissez faire*, defendendo a linha macroeconômica já mencionada, ou seja, que reconhece a necessidade de intervenção do Estado na economia, mas exclusivamente como mantenedor dos mercados livres, isto é, o Estado não concorreria ou preencheria lacunas nas atividades econômicas, mas apenas serviria como garantidor dos mercados, atuando como entidade terceira e estabilizadora.

Por fim, há aquele que é o significado mais articulado e debatido nos tempos atuais, principalmente pelos teóricos do campo crítico e progressista, que diz respeito justamente ao momento em que as teorias abstratas foram efetivamente incorporadas ao capitalismo, representando o advento do chamado pós-fordismo. Tal incorporação foi caracterizada pela flexibilização das relações de trabalho, espraiamento do ideal de Estado mínimo, fim das redes de proteção social, garantia da livre iniciativa, balizamento da vida social por meio da privatização de responsabilidades, enaltecimento do ideário do "empresário de si mesmo", com o campo do internacional balizado pela financeirização da economia mundial e pela tendência de multipolaridade fragmentária.[24]

---

uma rede de teóricos, realizando encontros bianuais, com o último ocorrido em novembro de 2021, na Guatemala. No evento fundador, estavam presentes muitos dos teóricos que participaram do Colóquio, tais como Hayek e Mises, cabendo agora destacar a presença de Karl Popper e Milton Friedman, sendo Hayek eleito o primeiro diretor da sociedade. A Sociedade Mont Pèlerin se caracterizou pela transdisciplinaridade, com sua doutrina original se alinhando a vários pontos do "liberalismo clássico", principalmente o do enaltecimento da liberdade individual e da crítica aos alegados malefícios da economia planificada, fosse ela keynesiana ou socialista, malefícios esses que extrapolariam o campo econômico e que importariam em efeitos deletérios para a própria sociabilidade e subjetividade. Contudo, como diferencial em relação ao liberalismo defendia ou admitia a necessidade de intervenção do Estado na economia, mas exclusivamente como agente estabilizador dos mercados.

24. Evidentemente que esses planos não são estanques, com a fragmentação da vida interpessoal ressoando na multipolaridade do internacional. A concorrência interpessoal nos mercados se projeta no internacional para a fragmentariedade entre os Estados, o que pode ser visto pela difusão da percepção do fenômeno da guerra híbrida, a qual pode ser vista como dimensão internacional do realismo capitalista.

Fisher considera essas três dimensões do neoliberalismo, ou seja, o neoliberalismo como macroeconomia, como linha política teórico-abstrata e como linha política concreta, balizadora da governabilidade e da subjetividade do capitalismo em sua fase pós-fordista.

No que tange às questões macroeconômicas é, possível, por exemplo mencionar a crítica que Fisher faz às políticas de desregulamentação e de privatizações adotadas nos governos Thatcher e Reagan ou ainda a adoção como marco de virada do fordismo para o pós-fordismo o chamado Choque Volcker,[25] no qual o então presidente do Banco Central estadunidense, Paul Volcker, elevou as taxas básicas de juros, impondo aos demais países a política do dólar forte e de financeirização da economia mundial. Quanto a tal evento, diz Fisher:

> De acordo com o economista marxista Christian Marazzi, pode-se conceder uma data bem específica para a mudança do fordismo para o pós-fordismo: 6 de outubro de 1979. Foi nessa data que o FED, banco central dos Estados Unidos, aumentou a taxa de juros em 20 pontos, preparando terreno para a economia centrada na oferta [supply-side economics], que hoje constitui a "realidade econômica" na qual estamos imersos. O aumento serviu não só para conter a inflação, mas também possibilitou uma nova organização dos meios de produção e distribuição. A rigidez da linha de produção fordista deu espaço a uma nova "flexibilização", um termo de dar calafrios na espinha de qualquer trabalhador hoje em dia. Essa flexibilização foi definida por uma desregulamentação do capital e do trabalho, com a força de trabalho sendo precarizada (Fisher, 2020, p. 36-37).

---

25. Com relação às consequências geopolíticas do Choque Volcker é altamente recomendável o texto de Maria da Conceição Tavares, *A Retomada da Hegemonia Norte Americana*, disponível em Maria da Conceição Tavares: vida, ideias, teorias e políticas / Maria da Conceição Tavares; Hildete Pereira de Melo (organizadora) – São Paulo: Fundação Perseu Abramo / Expressão Popular / Centro Internacional Celso Furtado; 2019.

Quanto à segunda dimensão, pertinente às ideias outrora apenas abstratas, defendidas pelos teóricos da Sociedade Mont Pèlerin, Fisher também abarca tal prisma, considerando o pensamento e as estratégias de disputa pela hegemonia ideológica, ou seja, toma o neoliberalismo como um sistema teórico e político que, durante muito tempo, não conseguiu se estabelecer como norteador nos centros de poder do capital, mas que, mesmo assim, manteve-se disponível e, desse modo, quando da crise do período fordista, acabou sendo utilizado e incorporado como sistema político concreto. Em tais quadrantes, Fisher faz referência a Friedman:

> Em uma conferência em York, a notória observação de Milton Friedman foi citada várias vezes: "apenas uma crise – real ou assim percebida – produz mudança de verdade. Quando essa crise ocorre, as ações tomadas dependem das ideias circulando por aí. Essa, acredito, é nossa função básica: desenvolver alternativas às políticas existentes, mantê-las vivas e disponíveis até que o politicamente impossível se torne politicamente inevitável" (Fisher, 2020, p. 87).

Finalmente, há a última dimensão do neoliberalismo, a qual se faz mais presente na obra de Fisher, e que corresponde à noção de que não se trata somente de uma linha macroeconômica de resposta do capital à crise econômica do fim do período fordista, mas, sobretudo, consiste numa estratégia contra a crise de governabilidade que emergiu a partir de novos anseios sociais que foram viabilizados pelo próprio fordismo e seu Estado de bem-estar social. Assim, Fisher assumidamente adere às correntes foucaultianas e bourdiesianas, que entendem a desregulamentação das relações de trabalho, o enfraquecimento dos sindicatos e a dissolução das redes de proteção social não tanto por uma lógica puramente econômica, mas sobretudo como um modo de dominação e de controle surgido como resposta aos anseios revolucionários representados pelo maio de 1968.[26] Portanto, para Fisher,

---

26. A influência de Bourdieu em Fisher se dá indiretamente, por meio da obra de um antigo aluno e colaborador, Luc Boltanski, que, conjuntamente com Ève Chiapello, foi autor do livro

o balizamento neoliberal dos tempos do pós-fordismo não foram propriamente uma resposta ao Estado de bem-estar social, mas sim uma resposta à resposta revolucionária que emergiu no final dos anos 1960 contra a regulação fordista.

É nessa chave de leitura de controle, governamentalidade e de contrarrevolução restauradora, que Fisher toma o neoliberalismo não somente como uma simples subjugação dos desejos emancipatórios representados pela contracultura daquele tempo, mas sim como uma intencional metabolização desses mesmos anseios, os quais foram revertidos em prol da governabilidade do modo de produção capitalista e do solapamento dos ganhos da classe trabalhadora ao longo do período fordista:

> Foi precisamente porque eles eram tão potencialmente transformadores que puderam ser tão retrospectivamente mercantilizados. Porque a energia de transformação torna-se então uma espécie de libido residual. Quando as condições para a luta não existem mais, você ainda pode apelar para essa libido, a libido transformacional [...] esse apelo ao fluxo dinâmico, à mudança, à criatividade, tudo isso, é uma característica fundamental da publicidade. Esse é o tipo de argumento de Boltanski e Chiapello em *O Novo Espírito do Capitalismo* [...] muitos dos seus argumentos são realmente sobre como a contracultura foi subjugada, transformada e se transformou, não tendo sido simplesmente derrotada, mas sim incorporada à estrutura central do capitalismo, que então passou a discursar sobre criatividade, auto-reinvenção, etc. Assim, a contracultura torna-se espelhada na forma atual do capitalismo. Então, ele não simplesmente derrota essas

---

O Novo Espírito do Capitalismo, sendo tal obra uma das importantes referências nas últimas conferências de Fisher da disciplina *Desejo Pós-Capitalista*. Quanto a Foucault, são diversas as referências diretas feitas por Fisher, o qual reconhece, em seu artigo *Como Matar um Zumbi*, a presciência desse pensador francês, materializada em *O Nascimento da Biopolítica*, obra originária de uma série de aulas ministradas por Foucault no início de 1979, ou seja, antes mesmo da ascensão de Thatcher e Reagan.

coisas, mas as metaboliza, as absorve, as transforma para seus próprios fins (Fisher, 2021, p. 177, tradução nossa).

Fisher então entende o neoliberalismo como um sistema de reengenharia social, que adota verdadeiras políticas de guerra psicológica, da antiga tática de dividir para conquistar, metabolizando as aspirações da classe trabalhadora, ao mesmo tempo que instala uma insegurança social, a qual, sob uma retórica de necessidade e de contingência econômica, permite um maior controle sobre os indivíduos, evitando comportamentos e até mesmo pensamentos insurgentes, ao mesmo tempo que cria uma atmosfera ideológica que naturaliza e, dessa maneira, viabiliza a superexploração da força de trabalho.

No entanto, para além da disputa no plano ideológico e do jogo das democracias liberais, Fisher também considera os aspectos abertamente autoritários do neoliberalismo, fazendo uso do conceito de Naomi Klein pertinente à doutrina do choque, que consiste na estratégia de criar ou se aproveitar de choques sociais, que podem ser derivados desde desastres naturais, como terremotos, até aqueles gerados artificialmente por guerras e golpes de Estado, para a implementação de suas políticas:

> Isso é parte do que podemos ver quando lemos em Naomi Klein. Quando chegamos ao Chile como exemplo, fica bem claro isso – com os EUA, você pode dizer que houve um fracasso nas lutas emancipatórias e, desse modo, por múltiplas razões elas não produziram algo novo. Mas com o Chile foi muito mais simples, houve simples e diretamente um golpe neoliberal apoiado pela CIA, que derrubou o governo de Allende e transformou o Chile em um laboratório, no qual as políticas neoliberais puderam ser testadas pela primeira vez (Fisher, 2021, p. 154, tradução nossa).

E nesse sentido, segundo Fisher, a violência imposta pelo governo golpista de Pinochet fez as vezes do choque que abriu caminho para instauração das medidas neoliberais:

A destruição militar do regime de Allende, e as subsequentes prisões em massa e tortura, são apenas o exemplo mais violento e dramático do quanto o capital teve que ir para se fazer parecer o único modo "realista" de organizar a sociedade. Não foi apenas o fim de uma nova forma de socialismo no Chile; o país tornou-se também um laboratório onde foram testadas as medidas que seriam implementadas em outros polos do neoliberalismo, envolvendo desregulamentação financeira, abertura da economia ao capital estrangeiro e privatizações (FISHER, 2018b, p. 754, tradução nossa).

Em suma, Fisher procura levar em conta o neoliberalismo em todas as suas dimensões e é a partir dessa apreensão global que passa a desenvolver o eixo crítico de sua teoria, que é o do realismo capitalista, cujo conceito, não obstante as suas múltiplas acepções, também pode ser interpretado como sinônimo de neoliberalismo. Fora isso, é diante desse mesmo objeto que Fisher irá também desenvolver as estratégias de superação, presentes no eixo crítico positivo de sua obra, que é o da hauntologia, em que busca mapear e reabrir os caminhos emancipatórios fechados ou apropriados pelo neoliberalismo.

REALISMO CAPITALISTA

2.1 O CONCEITO DE REALISMO CAPITALISTA

A expressão realismo capitalista não é original de Fisher. O termo foi cunhado em 1963 por Sigmar Polke para designar um movimento ou tendência cultural concebida na antiga Alemanha Ocidental, que mesclava propaganda, marketing e arte, podendo ser entendida, grosso modo, como uma espécie de *Pop Art* radical, altamente crítica em relação à sociedade de consumo que emergiu a partir dos anos 1950. A denominação surgiu como uma brincadeira ao realismo socialista, o qual, por sua vez, era a linha artística oficial da União Soviética, que buscava enaltecer a figura do trabalhador como sujeito heróico.

Já nos anos 2000, Fisher apropriou-se do termo, dando-lhe novos significados, sendo talvez o mais conhecido aquele relacionado à ideologia, no sentido de que realismo capitalista representaria a ideia dominante de que não há outro sistema político e econômico viável, sentido esse que usualmente é relacionado à frase atribuída a Fredric Jameson de que a ambiência do realismo capitalista consubstanciaria a percepção de que "é mais fácil imaginar o fim do mundo do que o fim do capitalismo".

Tomando Fisher como filósofo dos conceitos, realismo capitalista representa o ápice da sua filosofia, não apenas por sua potência, mas também como referência sistematizadora da obra fisheriana, a partir da qual se delineiam as distintas fases do teórico, cada qual com suas especificidades, limites teóricos e horizonte de luta política.

Cabe assim recapitular que a primeira fase é aquela em que o conceito de pós-modernismo, ainda que de maneira insuficiente, faz as vezes da expressão realismo capitalista,[1] sendo uma fase

---

1. Fisher argumenta que pós-modernismo é um termo dúbio, pois sugere uma oposição ou superação do modernismo, sendo que, na prática, o que houve foi simplesmente uma absorção e mercantilização do moderno. Na percepção do autor, sob a égide do neoliberalismo, o

em que Fisher chega a demonstrar uma certa ambiguidade com relação ao próprio neoliberalismo, reconhecendo algumas de suas mazelas, mas, em sua percepção da época, vislumbrando certas potencialidades emancipatórias. Essa é uma fase não marxista de Fisher, em que, apesar de articular categorias marxianas da teoria do valor e do fetiche da mercadoria, seu horizonte de lutas emancipatórias ainda está limitado às fronteiras do neoliberalismo, sendo assim razoável afirmar que se trata de um Fisher, ele próprio, cerceado pelo realismo capitalista. No entanto, analisando os textos do blog K-punk dessa primeira fase, que vai de 2003 a meados de 2005, é possível verificar que o pensamento de Fisher caminha em uma disputa interna, denotando-se que sua postura ambígua em relação ao neoliberalismo é paramétrica a uma imprecisão ou insuficiência conceitual, o que se extrai do visível esforço de Fisher em dar um nome adequado ao pós--modernismo.

Por conta de tudo isso, remanesce a impressão de que a formatação do conceito de realismo capitalista funcionou como um ponto de virada na obra de Fisher, não apenas em termos conceituais ou mesmo epistemológicos, mas em um nível elementar, de reformulação absolutamente estrutural, na qual há uma nítida guinada em direção ao marxismo, notadamente em assumir como central em suas reflexões a dominância da determinação

---

modernismo, longe de contar com suas qualidades originais de contracultura e de potencialidade subversiva, passou a ser reprocessado na grande mídia, na forma daquilo que Jameson denominou de "pastiche", sendo possível, por exemplo, encontrar peças de publicidade fazendo uso da arte surrealista. Diz Fisher que o realismo capitalista não é um estágio de confrontação com o modernismo. Pelo contrário, ele dá como certa a conquista do modernismo, o qual passou a ser apenas algo que pode ser constantemente reativado, como uma simples estética congelada, jamais como um ideal para viver (2009, p.8). Assim, a expressão pós-modernismo seria uma espécie de eufemismo, sugerindo algo positivo ou inovador, enquanto realismo capitalista revela toda a dureza e contundência da ideologia do neoliberalismo, que nada traz de novidade, consubstanciando um eterno pastiche, que se limita a reprocessar elementos culturais de épocas anteriores. Ainda nesse sentido e para além dos argumentos de Fisher, podemos acrescentar que a expressão pós-modernismo também está muito vinculada a certa corrente filosófica também conhecida como pós-estruturalista, que abarca distintos pensadores como Derrida, Foucault, Lyotard, dentre outros, sendo a expressão pós-modernismo muito empregada em tom depreciativo por teóricos do campo do marxismo mais ortodoxo, o que consubstancia outro fator para que se prefira o emprego do termo realismo capitalista.

da forma mercadoria, entendendo-a como vetor principal da sociabilidade, da cultura, da subjetividade e do desejo.

Em tais quadrantes críticos da segunda fase da obra de Mark Fisher, o conceito de realismo capitalista passa a funcionar como núcleo organizador de uma verdadeira teoria crítica do capitalismo pós-tardio, teoria essa que é representada pelo livro *Realismo Capitalista*, mas que a esse não se limita. Já na terceira fase, mais positiva, o conceito de realismo capitalista funciona como opositor dialético, a partir do qual Fisher passa a articular ideias emancipatórias, concentradas em conceitos como o da hauntologia e do comunismo ácido. Portanto, em todas as fases, o conceito de realismo capitalista pode ser tido como o elemento estruturante da obra de Fisher, inclusive na primeira fase, pois, apesar de não nomeada e na forma de inquietação, a ideia do realismo capitalista se faz presente, exercendo força gravitacional em suas reflexões.

Retomando a questão do significado do termo realismo capitalista, não obstante aquela primeira definição inicialmente apresentada, realismo capitalista é um conceito polissêmico, que, mesmo no âmbito da obra de Fisher, apresenta múltiplas acepções, resistindo a reduções, na medida em que toda vez que se busca dar uma maior concretude ou especificidade de sentido, proporcionalmente surgem tantos outros que lhe parecem escapar. Parte dessa característica pode também ser atribuída à própria complexidade do objeto. Afinal, o que Fisher busca analisar e revelar por meio do conceito de realismo capitalista são as formas sociais, a subjetividade e a sociabilidade no capitalismo pós-tardio.

Assim, realismo capitalista refere-se a um objeto em movimento, razão pela qual os distintos sentidos e acepções se alternam na representação de determinado instante desse mesmo movimento, navegando por uma multiplicidade de contextos da reprodução da sociedade capitalista. Desse modo, em Fisher, realismo capitalista tem distintos sentidos cambiantes, podendo indicar, conforme o contexto, uma ideologia, a percepção dos limites do possível, um imperativo categórico negativo,[2] uma

---

2. Nesse sentido de imperativo categórico negativo, cabe trazer o seguinte excerto do blog K-punk: "Na medida em que há um dever, ele está subordinado ao princípio da realidade

espécie de sofrimento psíquico ou mesmo o próprio sujeito autômato do capital em sua faceta neoliberal. Diante de toda essa problemática, cabe agora, mas sem qualquer pretensão de fechamento do conceito, trazer de modo mais aprofundado alguns dos sentidos que Fisher foi atribuindo e apurando ao longo de sua obra.

No livro *Realismo Capitalista*, destaca-se a frase de Jameson, de que "é mais fácil imaginar o fim do mundo do que o fim do capitalismo". Efetivamente, essa é uma máxima bastante utilizada por Fisher, não apenas no livro de 2009, mas também em diversos artigos subsequentes, bem como em suas aulas, entrevistas e palestras, com ele, em muitas ocasiões, iniciando uma exposição, didaticamente dizendo que o realismo capitalista pode ser melhor compreendido através da exemplificação do que por meio de qualquer definição, para em seguida lançar mão da máxima de Jameson, ou seja, de que o realismo capitalista corresponderia à sensação de que "é mais fácil imaginar o fim do mundo do que o fim do capitalismo", isto é, na difusa crença da absoluta inexorabilidade desse modo de produção e de sociabilidade.

Porém, o próprio Fisher foi com o tempo aprimorando e retificando essa definição, reconhecendo que ela não seria muito acurada, na medida em que tal máxima pressupõe um certo nível de consciência, quando, na verdade, no dia a dia, as pessoas sequer costumam pensar no fim do mundo e muito menos no fim do capitalismo. Assim, em sua produção mais tardia, Fisher passou a definir o realismo capitalista não como um raciocínio acerca da inevitabilidade do capitalismo, mas como a própria ausência desse mesmo raciocínio. Portanto, o realismo capitalista não designaria uma falsa reflexão, mas sim uma ausência de reflexão, operando como fator de eliminação ou, no mínimo, de deflação da consciência. Com a palavra, Fisher:

---

capitalista [...]O 'dever' do dever ético é rapidamente eliminado com o 'dever' da necessidade causal. Há uma espécie de inversão de Kant, o slogan agora não é o 'você pode, porque você deve' de Kant, mas o 'você deve, porque não há alternativa' do Realismo Capitalista (blog K-punk, *Attack of The Capitalist Straw Woman*, 09 de março de 2006, tradução nossa).

> Realismo capitalista é a ideia, o conceito, a crença de que o capitalismo é o único sistema econômico e político realisticamente viável. No entanto, essa definição não é precisamente muito precisa, pois as pessoas, no âmbito do dia a dia, não pensam a respeito do capitalismo e muito menos ficam pensando se ele é viável. De fato, talvez o melhor modo de pensar sobre o realismo capitalista seja na forma daquilo que eu denomino como deflação da consciência. Um ponto central, eu diria, é que a ascensão do realismo capitalista importou na calcificação e na inevitabilidade de suas formas de sociabilidade, das suas concepções e das formas de subjetividade. Tudo isso está diretamente correlacionado com a impossibilidade de se receber qualquer conceito ou percepção de consciência através da cultura (Fisher, 2016, tradução nossa).

No caso, Fisher está se referindo à consciência de classe ou, como ele prefere, consciência de grupo, que diz respeito à noção e ao sentimento de que a vida social não depende apenas dos indivíduos, mas sobretudo das estruturas previamente postas. Esse sentido de realismo capitalista, como elemento eliminador ou deflator de consciência, marca muito seus últimos escritos e conferências pertinentes ao comunismo ácido e ao desejo pós-capitalista, os quais constituem propostas e estratégias do resgate da consciência de classe e de grupos oprimidos pelo realismo capitalista, resgate esse que deve ser considerado como pressuposto para a busca de potencialidades emancipatórias. Trata-se de uma fase assertiva, mas com o realismo capitalista remanescendo como opositor dialético. Em tais quadrantes, disse Fisher em uma das aulas de sua última disciplina, posteriormente transcrita para o livro *Desejo Pós-Capitalista*:

> Parte do que eu também quero pensar neste curso é a questão da consciência, a qual, em minha percepção, recuou nos últimos anos. É possível considerar o que eu designei como "realismo capitalista" como sendo a sombra deste curso,

como sendo a sombra do "Desejo Pós-Capitalista". Assim, o curso também diz respeito ao realismo capitalista e à sua ascensão, de como surgiu a ideia de que não há alternativa ao capitalismo e de como essa ideia se tornou uma premissa que se difundiu por todo o ambiente político e foi justamente para que isso ocorresse que a consciência política teve que ser retrocedida" (Fisher, 2021, p. 43, tradução nossa).

Portanto, o insistente discurso neoliberal de que não há sociedade, mas apenas indivíduos, com a virtual eliminação da ideia das estruturas sociais, alinhada com a introjeção da responsabilidade pessoal por tudo de bom ou ruim que ocorre aos indivíduos, não apenas criou uma falsa consciência, como também diluiu ou eliminou a própria consciência de classe ou de grupo.

Assim, segundo Fisher, o realismo capitalista atua de modo perverso, pois ao mesmo tempo que espalha o discurso individualista, mina as bases materiais que possibilitam aos indivíduos seu desenvolvimento pessoal, atacando tudo o que possa remeter às políticas do Estado de bem-estar social, desmantelando serviços públicos de saúde, educação, assistência e de previdência social, sob o argumento de que neles haveria uma baixa eficiência, combinada com a retórica de que, sem essas redes de proteção do "Estado-babá", as pessoas se tornariam mais produtivas e criativas, quando, na verdade, isso acaba por resultar na escassez de uma riqueza comum, que impele as pessoas a não fazerem nada mais do que buscarem sua própria subsistência, ensejando um rebaixamento da crítica e da cultura, ou seja, produzindo o efeito oposto a essa retórica, mitigando a criatividade e obstruindo qualquer pensamento que questione o realismo capitalista.

Para além do discurso ideológico e do rebaixamento da consciência, o realismo capitalista também atua como elemento discursivo construtor de uma nova realidade, projetando-se no mundo concreto, criando um circuito retroalimentado, o que dialoga com outro conceito usualmente trabalhado por Fisher, originário do CCRU, que é o da hiperstição, sendo essa mais uma das dimensões do realismo capitalista:

O apelo do capitalismo à inevitabilidade é agora tão comum que é uma questão legítima saber se a ideia de inevitabilidade é parte integrante da expansão do capital global. "Inevitabilidade" opera como uma espécie de motor hipersticional negativizado para o capital. Se a hiperstição tem a ver com "ficções que se tornam reais", então a inevitabilidade capitalista tem a ver com a manutenção da realidade atual em perpetuidade, ou seja, mais do mesmo para sempre. Essa alegada inevitabilidade não é uma questão de "leis econômicas" - a hedionda união de Hegel e Adam Smith no clímax neoliberal da história - mas de crença. Assim, o "inevitável" age como uma crença que engendra comportamentos em um circuito autorrealizável e é justamente porque as pessoas acreditam que o capitalismo é inevitável que ele, ao menos por enquanto, acaba sendo (Fisher, 2005, tradução nossa[3]).

Portanto, para Fisher o realismo capitalista atua em distintos momentos ou dimensões, subvertendo a realidade, fazendo parecer que o capitalismo corresponde a inexoráveis leis naturais, ao mesmo tempo em que dilui a consciência das pessoas acerca das estruturas sociais que determinam suas vidas, instaurando uma nova realidade, dando concretude ao que antes só existia no campo das ideias. Há assim um movimento cíclico e retroalimentado, que imobiliza as pessoas. Nesses quadrantes, K-punk afirma que realismo capitalista não é apenas uma ideia, mas também uma atitude frente a essa ideia:

> Há várias maneiras de encarar o realismo capitalista. Uma delas é como uma crença, uma crença de que o capitalismo é o único sistema econômico político viável. Esse é um sentido literal do realismo – ou seja, de que ele se opõe ao que é irreal. Desse modo, muitas vezes, como resposta a uma crítica ao capitalismo, é comum ouvir: "Bem, pode não ser o melhor

---

3. *O Inevitável e o Impossível*, k-punk, 15/11/2005.

sistema, mas é o único que funciona". Pode-se pensar nisso como uma crença, mas também é uma atitude, uma atitude em relação a essa crença, uma atitude de resignação e derrota. Então, parece-me que realismo capitalista não seria tanto uma ideia propriamente propagada por um tipo de direita neoliberal, mas sim como essa ideia efetivamente atinge e transforma as atitudes, não apenas da população em geral, mas as atitudes da própria esquerda [...] Trata-se de um tipo de infraestrutura psíquica coletiva, uma espécie de atmosfera ideológica difusa, bem como a maneira pela qual essas crenças são instituídas em todas as áreas da vida em um país como o Reino Unido, influindo na mídia, no ambiente de trabalho e até mesmo em nossas próprias atitudes inconscientes (Fisher, 2018b, p. 637, tradução nossa).

Em suma, são múltiplas as acepções do conceito de realismo capitalista, sendo que, na medida em que Fisher evolui em suas reflexões, novas camadas de significado vão sendo acrescidas, ao mesmo tempo que outras vão sendo retificadas ou ganhando mais sofisticação. Tais sentidos serão a seguir aprofundados na análise das distintas dimensões do realismo capitalista, pertinentes ao campo da saúde mental, da cultura, burocracia e outros, bem como mais à frente, quando do estudo da hauntologia e do comunismo ácido.

Porém, cabe novamente repisar que realismo capitalista é um conceito polissêmico, que foi submetido a constante escrutínio e revisão por parte de Fisher, sendo que, ao mesmo tempo que resiste às reduções, mantém sua potência de slogan ou palavra de ordem crítica. Diante disso, uma chave de leitura maior do sentido de realismo capitalista pode ser estabelecida como sendo a do objeto de um processo que projeta a psicanálise ao campo político, representado na insistente busca de nomeação de um sintoma social, visando a instauração de uma nova linguagem, a partir da qual afetos são mobilizados, viabilizando-se condições mínimas de ação transformadora.

Essa chave de leitura agora remete à instauração da segunda fase do pensamento de Fisher, quando da formatação do sentido fisheriano de realismo capitalista. Nessa linha, considerando a própria postura errática de Fisher em sua fase pós-modernista, tanto em termos conceituais, quanto em termos de valoração do neoliberalismo, é possível considerar que a enunciação do conceito de realismo capitalista funcionou como uma espécie de ato analítico,[4] ou seja, na nomeação de um sintoma que é o do mal-estar difuso causado por esse mesmo neoliberalismo. Diante de tudo isso, razoável intuir que a potência e a notoriedade do conceito sejam decorrentes da própria força de sua origem de enunciação como ato analítico, no qual Fisher, em sua peculiar sensibilidade, foi capaz de não apenas captar o espírito universal em sua condição particular, como também transpor em palavras o mal-estar difuso dos tempos atuais, criando bases emancipatórias, porquanto, como é próprio da psicanálise, a nomeação do sintoma constitui pressuposto de sua superação.

2.2 EFEITOS DO REALISMO CAPITALISTA

2.2.1 Expectativa deflacionária, precorporação e interpassividade

O capitalismo é estruturado em crises e contradições. A constante necessidade de valorização do valor implica em um consumo desenfreado, de exaurimento de matérias primas e desgaste do meio ambiente. Além desses limites materiais, a lei tendencial da queda da taxa geral de lucro, implica na necessidade de constante valorização do valor, o que se traduz no aumento da produção e do consumo. Tal aceleração na produção contraria qualquer ideal de sustentabilidade e, além disso, importa na redução da taxa de lucro, correspondendo a um movimento por meio do qual o capitalismo mina suas próprias bases.

Sem aqui adentrar no debate acerca da capacidade ou não de o capital em se autoperpetuar, notadamente pela sombra da

---

4. Sobre os potenciais políticos e revolucionários do ato analítico, há a obra de Vladimir Safatle, *Maneiras de transformar mundos*: Lacan, política e emancipação, p. 70-90.

chamada acumulação primitiva que o acompanha em reiterados processos de espoliação, fato é que esse movimento de fuga para frente importou em sua constante expansão para todos os campos da vida social, em crescente eficácia de mercantilização, na qual, atualmente, tudo ou quase tudo é passível de ser comodificado, incluindo toda sorte de tradições, religiões e artes, o que Fisher denomina, citando Deleuze e Guattari, de "massiva dessacralização da cultura":

> Em seu relato do capitalismo, certamente o mais impressionante desde Marx, Deleuze e Guattari descrevem o capitalismo como uma espécie de potencialidade sinistra que assombrava todos os sistemas sociais anteriores. O capital, eles argumentam, é a "coisa inominável" (apud, 2017, p. 300), a abominação que as sociedades primitivas e feudais afastaram antecipadamente. Quando realmente chega, o capitalismo traz consigo uma dessacralização maciça da cultura. É um sistema que não é mais governado por nenhuma lei transcendente; pelo contrário, desmonta todos esses códigos, apenas para reinstalá-los *ad hoc*. Os limites do capitalismo não são fixados por decreto, mas definidos (e redefinidos) de forma pragmática e improvisada (Fisher, 2009, p. 5, tradução nossa).

Aproximando-se das teorias que tratam das formas sociais, Fisher lembra que parte da força do realismo capitalista diz respeito à sua capacidade de subsumir e consumir toda a história preexistente, sendo esse um dos efeitos do sistema de equivalência, que é justamente o da forma mercadoria, do qual decorre a tendência e a capacidade de abarcar qualquer objeto, seja ele cultural, religioso ou até mesmo pornográfico, subsumindo-o à forma mercadoria (Fisher, 2009, p. 4).

Portanto, do mesmo modo que ocorre na economia, o capitalismo mina suas próprias bases culturais, inviabilizando o novo, eis que, ao a tudo reduzir ao equivalente universal da mercadoria, impõe o colapso do ritual e da elaboração simbólica. Tudo o que sobra, sentencia Fisher, é o "consumidor-espectador, caminhando por ruínas e relíquias" (2009, p. 4, tradução nossa), cabendo a indagação de "por quanto tempo uma cultura pode persistir sem o novo" (2009, p. 3, tradução nossa).[5]

É justamente nessa já longa sobrevida do capitalismo que a ideologia ocupa – talvez mais que nunca - papel central de coesão do sistema do capitalismo tardio, cujas peculiaridades nesse campo podem ser traduzidas em três fenômenos mapeados por Fisher: expectativa deflacionária, precorporação e interpassividade.

Expectativa deflacionária consiste basicamente na percepção de que as coisas não estão indo bem, mas, mesmo assim, temos que aceitar a realidade como ela é, na medida em que não haveria um modo melhor de sociabilidade:

> "Nós vivemos em uma contradição", tal como Badiou observou (apud, 2001): Há uma realidade atroz, profundamente desigual, na qual toda existência é avaliada em termos pecuniários e apresentada a nós como ideal. Para justificar seu conservadorismo, os partidários da ordem estabelecida não podem realmente dizer que ela é ideal ou maravilhosa. Então, ao invés disso, resolveram dizer que qualquer outra opção é

---

5. Nesse trecho de *Realismo Capitalista*, Fisher faz uma breve abordagem sistêmica do conceito. Nessa linha, cabe aqui destacar importantes contribuições de Letícia Cesarino, formuladas em seu livro *O Mundo do Avesso: Verdade e Política na Era Digital* (Ubu, 2022), no qual há uma relevante leitura do conceito de realismo capitalista formulada sob a ótica da antropologia crítica, antropologia digital e teoria dos sistemas. Conforme a pensadora, o realismo capitalista poderia ser tido como uma obstrução sistêmica, ou seja, o *"fechamento do sistema sobre si mesmo"*, com a positivação dos piores efeitos do capitalismo, nos quais *"a crise vira oportunidade, a instabilidade vira flexibilidade, a insegurança vira assumir riscos, a precariedade vira networking e exposure"* (Cesarino, 2022, p. 274). Portanto, agora em referência às ferramentas teóricas de autores como Niklas Luhmann, o realismo capitalista também pode ser tido como obstrutor da abertura cognitiva do sistema social como um todo, comprometendo sua autopoiese (reprodução). Ainda em quadrantes de comparação com pensadores de outras vertentes, aqui também é possível relacionar a visão de Fisher com a de Bourdieu, notadamente em sua fase crítica para com o neoliberalismo, que marcou sua produção nos anos 1990, quanto o sociólogo francês percebeu o esvaziamento do poder simbólico e do capital simbólico em diversas dimensões ou campos, passando a tratar o mercado como um verdadeiro metacampo, que por meio de um discurso de primazia da razão econômica se espraia e se sobrepunha aos demais campos. Nesse ponto, ainda que talvez a contragosto, Bourdieu estava cada vez mais próximo das leituras marxistas mais atuais, que consideram que parte da força dessa razão econômica decorre justamente da sua sinergia para com a subjetividade moldada pelas relações sociais que defluem da forma mercadoria.

horrível. Eles afirmam que certamente não vivemos em uma condição de perfeita bondade, porém temos a sorte em não viver em um estado totalmente maligno. Nossa democracia não é perfeita, mas é melhor do que ditaduras sangrentas. O capitalismo é injusto, mas não é o criminoso stalinismo. Deixamos milhares de africanos morrerem de Aids, mas não fazemos declarações como Milosevic. Matamos iraquianos com nossos aviões, mas não cortamos a garganta de nossos opositores como fazem em Ruanda (Fisher, 2009, p. 5, tradução nossa).

Segundo Fisher, trata-se de uma condição típica do estado mental depressivo, no qual qualquer tipo de expectativa positiva, qualquer esperança, pode ser um risco de sofrimento maior. Fora isso, além de ser uma crença, a expectativa deflacionária corresponde a uma atitude relacionada a essa crença, ou seja, uma postura de resignação e derrotismo, o que se coaduna ao já mencionado caráter hipersticional do realismo capitalista. Para expor os reflexos culturais dessa retórica pragmática autorreferenciada, de que o capitalismo ultraliberal, apesar de longe de ser ideal, é o melhor que se pode esperar, Fisher apresenta exemplos da cultura popular, dentre os quais o estilo musical do *gangsta rap* e as obras - filmes, livros e quadrinhos - de James Ellroy e Frank Muller.

O gangsta rap não reflete nem condições sociais pré-existentes, como muitos de seus defensores argumentam, nem tampouco é causa delas, como afirmam críticos –, pelo contrário: o circuito em que o hip hop e o capitalismo tardio se alimentam um do outro é um dos meios pelos quais o realismo capitalista se converte numa espécie de mito antimítico. A afinidade entre o hip hop e os filmes de gangster como *Scarface*, *O Poderoso Chefão*, *Cães de Aluguel*, *Os Bons Companheiros* e *Pulp Fiction*, emerge do argumento comum de que eles estariam despindo o mundo de ilusões sentimentalóides para mostrá-lo "como realmente é": uma guerra hobbesiana de todos contra todos, um sistema de perpétua exploração e de criminalidade generalizada [...]. O mesmo acontece na visão de mundo *neonoir* que encontramos nos quadrinhos de Frank Miller e nas narrativas de James Ellroy. Há um tipo de desmitologização a partir de um prisma machista nos trabalhos de Miller e Ellroy. Eles posam de observadores implacáveis, que se recusam a embelezar o mundo para encaixá-lo em uma ética binária, supostamente simplista, dos super-heróis de quadrinhos e dos romances de crime clássicos. O "realismo" aqui, em vez de ser obsoleto, é realçado pelo foco no furiosamente venal – ainda que a insistência exagerada na crueldade, traição e selvageria, em ambos os escritores, se torne rapidamente pantomímica. "Em sua completa escuridão", escreveu Mike Davis sobre Ellroy em 1992, "não há mais luz que possa projetar sombras, e o mal se torna uma banalidade forense. O resultado se parece muito com a própria textura moral da era Reagan-Bush: uma supersaturação de corrupção que já não provoca mais indignação ou, sequer, interesse". Essa dessensibilização, no entanto, cumpre uma função no realismo capitalista: Davis levanta a hipótese de que "o papel pós-moderno do noir de L.A. pode ser precisamente o de endossar a emergência do *homo reaganus*" (Fisher, 2020, p. 21).

Fisher constata em tais estilos e obras uma espécie de falsa crítica, pois a idealização de anti-heróis - uns cínicos, outros violentos, ou ambos, apresentados em uma atmosfera decadente - veicula um discurso de viés muito mais justificador dos desvios dos protagonistas do que propriamente uma crítica social. Nesses quadrantes, diz Fisher que a mensagem trazida por escritores como Ellroy é a de que "esse é o mundo, conviva com ele, ajuste suas expectativas para que caibam nele, aceite seus protetores corruptos, mitologize-os, porque eles são tudo que o separa de algo pior ainda". Prossegue o autor, aduzindo que uma crítica verdadeira - apresentando como exemplo a obra do escritor britânico David Peace - seria no sentido de que "se esse é o mundo, então deve ser rejeitado, abominado, destruído, mesmo que seja o melhor mundo que podemos esperar realisticamente" (artigo "David Peace e o Realismo Capitalista", blog *K-punk*, março de 2009, tradução nossa).

Para além dessa atmosfera hobbesiana e do discurso redutor das expectativas, Fisher também apresenta como característica do realismo capitalista aquilo que denomina como "precorporação". Trata-se, segundo Fisher, da aptidão de o capital em promover, de modo antecipado, uma "massiva dessacralização da cultura" (2009, p. 6, tradução nossa). Diz o teórico inglês que, enquanto o capital ainda não tinha ocupado todos os meandros e lacunas da sociabilidade, remanescia certa margem de manobra para a criação ou elaboração de uma contracultura, capaz de minimamente questionar valores e crenças, gerando ou estimulando algum tipo de reflexão crítica efetiva. É certo que, ao longo da história, o capital sempre estendeu seus tentáculos, procurando reprocessar a contracultura, incorporando-a à dinâmica da valorização do valor, tratando-se de uma tendência mercantilizadora intrínseca à própria sociabilidade capitalista, característica essa que sempre foi considerada pelo marxismo, cabendo destacar o célebre trecho do *Manifesto Comunista* de Marx e Engels, no qual consta a máxima "tudo que é sólido se desmancha no ar":

> A burguesia despojou de sua auréola todas as atividades até então reputadas como dignas e encaradas com piedoso respeito. Fez do médico, do jurista, do sacerdote, do poeta, do sábio seus servidores assalariados [...] Essa subversão contínua da produção, esse abalo constante de todo o sistema social, essa agitação permanente e essa falta de segurança distinguem a época burguesa de todas as precedentes. Dissolvem-se todas as relações sociais antigas e cristalizadas, com seu cortejo de concepções e de ideias secularmente veneradas; as relações que as substituem tornam-se antiquadas antes de se consolidarem. Tudo o que é sólido se desmancha no ar (Marx e Engels, 2010, p. 42-43).

Contudo, passados mais de cento e setenta anos da publicação do *Manifesto*, Fisher atualiza tal percepção, aduzindo que, para além de uma simples dessacralização das relações anteriores, o realismo capitalista agora é capaz de preventivamente incorporar e metabolizar elementos culturais potencialmente subversivos, os quais são antecipadamente formatados pela força comodificadora do capital, a qual enquadra desejos, aspirações, esperanças e a cultura em geral para que se mantenham em consonância com a reprodução capitalista. Portanto, nos dias de hoje, adjetivos culturais como "alternativo" ou "independente" simplesmente designam determinadas zonas já integrantes do *mainstream*. Desse modo, por mais que uma obra ou artista aspire ser contundente, revolucionário ou inovador, ele já foi preventivamente comodificado, ou seja, no realismo capitalista qualquer coisa é mercadoria mesmo antes de ser idealizada.

Fisher traz como exemplo de precorporação a trajetória da banda Nirvana e de seu vocalista, Kurt Cobain, o qual encabeçou a cena *grunge* de Seattle, no início dos anos 1990:

> Ninguém tão bem encarnou e enfrentou esse impasse mais do que Kurt Cobain e o Nirvana. Em sua terrível lassidão e fúria sem objeto, Cobain parecia dar voz cansada ao desânimo da geração que havia surgido após a história, em relação à qual cada movimento era antecipado, rastreado, comprado e vendido antes que acontecesse. Cobain sabia que ele era só mais uma peça do espetáculo e que nada cai tão bem na MTV do que um protesto contra a MTV [...] Cobain se viu em um mundo em que a inovação estilística não é mais possível, no qual o que resta é imitar estilos mortos, falar através das máscaras e com as vozes dos estilos no museu imaginário, onde sucesso importa em fracasso, pois ter sucesso significa que você se tornou apenas a "nova carne" da qual o sistema poderia se alimentar. Entretanto, essa extrema angústia existencial do Nirvana e Cobain pertence a um momento mais antigo; o que os sucedeu foi um pastiche-rock que despreocupadamente passou a reproduzir as formas

do passado. A morte de Cobain confirmou a derrota e incorporação das ambições utópicas do rock (Fisher, 2009, p. 9, tradução nossa).

Para além do Nirvana, Fisher não poupou críticas a diversas bandas tidas como alternativas, dentre as quais o grupo novaiorquino Sonic Youth, muito celebrado no meio *indie* desde os anos 80, conhecido por seu experimentalismo em afinações heterodoxas e harmonias dissonantes. No entanto, passada a novidade inicial, Fisher aduz que o SY foi logo cedendo a uma produção autorreferencial, em que, nos dizeres do autor, a banda passou a exercer uma função cultural conservadora, ou seja, "a função precisa do SY para a cultura da restauração é ser uma simulação hipervisível de uma alternativa dentro do *mainstream*", e que a "justificativa para a crescente pobreza de sua música em um nível textural e textual é a maneira como ela supostamente se apresenta a um público mais amplo como 'arte' - mas em todos os piores sentidos, ou seja, eles possuem um certo prestígio institucional, um certo status na cena cultural, uma certa justificativa discursiva para o que fazem. No entanto, não são 'arte' no bom sentido da palavra, isto é, não há uma razão convincente para eles existirem - não há nada mais em jogo aqui do que apenas outro produto de lazer bacana com todas as credenciais certas"(Fisher, 2005, tradução nossa[6]).

Outra característica peculiar da subjetividade e da conformação psíquica dos tempos do realismo capitalista diz respeito à interpassividade. O termo é atribuído a Robert Pfaller e Slavoj Žižek e concerne a uma espécie de antítese da exploração do trabalho no capitalismo, ou seja, ao invés de delegar o trabalho para terceira pessoa ou para algum tipo de automação, o que se delega é o consumo, o gozo em usufruir de algum objeto. Esse conceito foi elaborado nos anos 90, quando dispositivos eletrônicos e a mídia em geral passaram a propagar o conceito de interatividade, como por exemplo em programas do tipo "você decide", em que a deliberação sobre determinado resultado ou caminho era

---

6. *Avant-Conservatism*, k-punk, 10/05/2005.

atribuída ao expectador. Já na interpassividade o que se delega é a inércia ou posição passiva do espectador.

Um exemplo básico de interpassividade, muito inerente aos anos 90, e que é usado tanto por Pfaller (2017, p. 79), quanto por Žižek (2010, p. 34), diz respeito a um fenômeno observado nos usuários de videocassete, os quais passaram a ver menos filmes ou programas, satisfazendo-se em saber que eles foram gravados pelo aparelho, como se delegassem à máquina o próprio prazer de assistir ou consumir o filme.

Fisher traz esse conceito para a crítica cultural alinhada com a política. Ele inicia suas reflexões tomando como exemplo a animação *Wall-E* (2008) da Disney/Pixar, a qual se enquadra perfeitamente naquela máxima de que é mais fácil imaginar o fim do mundo do que o fim do capitalismo (2009, p.12). O filme mostra a humanidade comandada pela megacorporação *BnD – Buy n Large*, a qual, como o próprio nome sugere, capitaneou um consumo desenfreado, o que culminou em um cataclisma ecológico, tornando o planeta inabitável e destituído de vegetação. Com a vida na Terra insustentável, a humanidade foi colocada em uma gigantesca nave espacial, semelhante a um transatlântico, com suas características híbridas de parque temático e resort de férias, cujos habitantes são mostrados como criaturas infantilizadas, hedonistas, sedentárias e obesas, praticamente incapazes de se locomover sem o auxílio de espreguiçadeiras flutuantes.

Tal representação da humanidade, que muitos interpretaram como uma alegoria da classe média dos Estados Unidos, fez com que a Disney/Pixar fosse acusada de atacar seu próprio público. Todavia, segundo Fisher, esse tipo de ironia, ao invés de constituir uma concreta oposição, acaba por reforçar ainda mais o realismo capitalista.

A interpassividade é induzida pelo filme ao performar o anticapitalismo para o próprio público, o que se traduz, conforme explica Robert Pfaller (2011, p. 168), em uma espécie de contato seletivo com uma coisa, o qual, em troca, permite escapar totalmente dessa mesma coisa. Assim, é possível assistir *Wall-E* (2008), enaltecendo sua crítica social e ecológica para, em seguida, voltar a consumir impunemente e com a consciência desonerada. O efeito equivale a uma dose homeopática de realidade, que em seguida induz os espectadores-consumidores ao autoesquecimento.

Segundo Fisher, isso também se desdobra, em termos psíquicos, em uma espécie de cinismo difuso, que, segundo o autor, seria o sintoma que melhor definiria a subjetividade no capitalismo tardio, consistente na valorização da atitude interna, de uma reserva mental, em detrimento das condutas efetivamente externalizadas. Em sua abordagem, o autor inglês lança mão das reflexões de Žižek:

> Se o conceito de ideologia está localizado no conhecimento, a sociedade atual deve parecer pós-ideológica... a ideologia dominante hoje é a do cinismo. Todavia, o nível fundamental da ideologia, ou seja, a ideologia mais pura não é de uma ilusão que mascara a realidade das coisas, mas o de uma fantasia inconsciente que estrutura a própria realidade social. Assim, nesse nível, estamos longe de ser uma sociedade pós-ideológica [...] a ideologia capitalista consiste precisamente em valorizar a atitude subjetiva interna, em detrimento das crenças e posturas externalizadas. Afinal, enquanto, em nossos corações, acreditarmos que o capitalismo é ruim, somos livres para continuar participando das trocas capitalistas. O capitalismo depende dessa estrutura de negação (Fisher, 2009, p. 13, tradução nossa).

Portanto, conforme Fisher, essa atitude interna serve como um atenuador da culpa, desonerando as pessoas para que prossigam nas trocas e na sociabilidade capitalista, como por exemplo na forma de lidar com o dinheiro, o qual, ao mesmo tempo que é apontado como algo sem valor intrínseco, é tratado como uma relíquia sagrada. Tal movimento contraditório depende dessa negação prévia, a prática fetichizada no trato como o dinheiro é viabilizada pela desmistificação prévia, por aquela atitude interna.

2.2.2 Protestos, Imobilizadores e Comunistas Liberais

Ainda nessa frente da reserva mental e do anticapitalismo performático, Fisher também aborda os temas dos protestos e manifestações, comparando os eventos no final do período fordista, tal como os de maio de 1968, com os protestos e manifestações do período pós-fordista, incluindo aqueles considerados mais "legítimos" ou relevantes como os protestos de Seattle, sendo possível aqui, com base em subsequentes textos de Fisher, incluir o movimento *Occupy Wall Street*.

No tempo das manifestações do período fordista, havia uma figura de oposição bem delineada, em geral o governo, uma empresa ou política pública, que corporificava a figura do pai, em moldes próximos ao descritos por Freud em *Totem e Tabu* (Freud, 1996, p. 63). Essa figura mais ou menos perene, servia como referencial para organizações políticas mais sólidas, tais como partidos e sindicatos, os quais tinham não apenas uma tática imediata, objeto do protesto, como também uma estratégia de longo prazo, de ampliação do Estado de bem-estar social ou mesmo uma efetiva meta socialista, cumprindo aqui lembrar que então o socialismo realmente existente, ainda que com suas deficiências, se fazia presente, sinalizando uma alternativa.

Contudo, ainda de acordo com Fisher, de uma maneira geral, a elite capitalista global sempre se esquivou de ocupar o lugar dessa figura de totêmica, revelando extraordinária capacidade em se manter oculta, em perfil baixo, fazendo com que os alvos desses protestos mais vigorosos fossem entidades insólitas ou ilusivas, tal como a globalização e a injustiça social, dissipando a contundência das manifestações, as quais, para além da falta de foco e da ausência de uma efetiva proposta de subversão das estruturas da sociabilidade capitalista, revelariam um outro tipo de atitude ou comportamento que o autor denomina como "imobilizador", derivado da premissa de que o "capitalismo somente pode ser resistido e jamais superado" (2009, p. 28, tradução nossa).

Segundo Fisher, uma das causas disso reside na ausência de uma alternativa política concreta, uma estratégia de longo prazo. Assim, as manifestações se apresentam destituídas de uma intencionalidade revolucionária, imbuídas de uma postura meramente mitigadora daquilo que seriam os "excessos" do capitalismo, ostentando um cunho muito mais alegórico do que propriamente um viés político concreto. Na visão de Fisher, os "imobilizadores" performariam não uma política efetiva, mas apenas um grito que logo se dissolve no ar, uma espécie de "carnaval dos derrotados" (2018b, p. 652, tradução nossa).

Ainda conforme o teórico inglês, outro tipo de comportamento que enganosamente se apresenta como "alternativa" para uma sociedade mais equânime, é aquele dos "comunistas liberais" (2009, p. 27, tradução nossa), ou seja, dos que abertamente abraçam o capitalismo, mas com pretenso viés redistributivo, que seria aplicado a partir de estratégias negociais neoliberais.

Pondera Fisher que os "comunistas liberais" difundem a crença de que o sistema capitalista global é capaz de dirimir as iniquidades que lhes são intrínsecas. Nessa linha, o autor expõe diversos exemplos daquilo que pode ser chamado de "anticapitalismo corporativo", representados em eventos beneficentes do *mainstream*, tais como *Live Aid/Live 8* e no chamado consumo consciente, direcionado a marcas como a dos produtos *Red*, evidenciando que o anticapitalismo é algo amplamente espraiado e reprocessado na atmosfera ideológica do realismo capitalista, que, ao invés de verdadeiramente combatê-lo, apenas o reforça (2009, p. 15). Além disso, Fisher imputa aos "comunistas liberais" a prática de uma espécie de "chantagem ideológica", de uma exortação à desarticulação política, isto é, a política tem que ser paralisada ou ceder espaço em nome de uma premente necessidade ética de combate à fome e às desigualdades.

Nesse ponto, como exemplo desse movimento de desarticulação já em tempos mais recentes, cabe registrar o pronunciamento de um conhecido artista, que para muitos simboliza um ideal verdadeiramente emancipatório. Trata-se de Bono Vox, vocalista da banda U2. Dez anos depois da publicação de *Realismo Capitalista*, Bono, que foi justamente um dos idealizadores da marca *Red* e da campanha do *Live 8*, fez um pronunciamento no Fórum Econômico Mundial em Davos de 2019, defendendo o capitalismo como sendo o melhor sistema de redistribuição de riqueza,[7] sendo que, peculiarmente, se trata de um dos artistas mais ricos e bem remunerados do mundo.[8]

A ideologia simplista dos "comunistas liberais" é autoexplicativa de suas severas limitações, sentenciando Fisher, de modo sarcástico, que "a fantasia (dos comunistas liberais) é de que o consumismo ocidental, longe de estar intrinsecamente comprometido nas sistêmicas iniquidades globais, pode por si só resolvê-las. Tudo o que basta é que se compre os produtos certos" (Fisher, 2009, p. 15, tradução nossa).

Finalmente, o teórico inglês também aduz que a postura ilusiva das elites, em se esquivar de uma responsabilidade pessoal, possui uma segunda camada de simulação, por meio da qual prestam um serviço a todo o restante da humanidade, consistente em assumir, ainda que involuntariamente, toda a responsabilidade pelo capitalismo, exonerando os demais, os quais podem continuar a consumir e efetuar as trocas mercantis sem maiores crises de consciência.

2.3 REALISMO CAPITALISTA E AS FRESTAS DO REAL – TEMAS DE ENFRENTAMENTO IDEOLÓGICO

Um dos primeiros sentidos que Fisher atribui ao realismo capitalista consiste em uma atmosfera ideológica difusa, que condiciona não apenas a regulamentação do trabalho, como também a produção cultural, a educação e a sociabilidade em geral, agindo como uma barreira invisível que restringe o pensamento e a ação. Fisher entende que esse espírito capitalista somente pode ser ameaçado se for mostrado de algum modo como inconsistente ou insustentável em seus próprios termos, ou seja, a crítica deve ser feita como que internamente, a partir da própria gramática do capital, uma espécie de judô ou jiu-jitsu argumentativo, no qual as próprias premissas e promessas do capitalismo, notadamente

---

7. Bono surpreende ao defender capitalismo em Davos, mas diz que o sistema é uma "besta que precisa ser domada". Revista Monet, 24 de janeiro de 2019.

8. Bono do U2 compra a revista Forbes. Jornal O Estado de S. Paulo, 8 de agosto de 2006.

em sua faceta neoliberal, são defletidas e usadas contra o próprio capital (Fisher, 2009, p. 16).

No desenvolvimento de sua estratégia de enfrentamento, o teórico inglês faz uso de conceitos da psicanálise, diferenciando o realismo capitalista do Real, cabendo aqui uma breve explanação da chamada tríade lacaniana, acerca do Real, do simbólico e do imaginário, que corresponde às três dimensões ou registros que se articulam no psiquismo, no pensamento humano, a partir das quais se constituem as subjetividades.

O imaginário, como o próprio nome indica, tem um vínculo imediato com as imagens e concerne, em um primeiro momento da formação humana, à percepção da alteridade, ou seja, à noção de que o humano não é uma totalidade. É a partir do imaginário que surge a distinção do "eu" e do "outro", quando, por exemplo, o recém-nascido se distingue do corpo da mãe, com o registro do rosto materno como um outro, tratando-se de um primeiro plano da consciência. Assim, segundo Vladimir Safatle, "podemos dizer que o Imaginário é aquilo que o homem tem em comum com o comportamento animal. Trata-se de um conjunto de imagens ideais que guiam tanto o desenvolvimento da personalidade do indivíduo quanto sua relação com seu meio ambiente próprio" (Safatle, 2017, p. 22).

Já o simbólico refere-se ao segundo nível ou dimensão, mais sofisticada, e que surge a partir da estruturação da linguagem, ou seja, a partir da percepção sensorial de imagens e do arcabouço social já existente, ocorre a nomeação de objetos. Essa nomeação atua de modo similar ao carregamento de dados em um *software*. A partir de tais dados, de tais símbolos, o aparelho psíquico opera na estruturação do campo da experiência, ou seja, do mundo tal como percebido, bem como no nível inconsciente, cabendo ainda destacar que essa nomeação é feita a partir de uma estrutura social pré-existente, ou seja, os símbolos são designados a partir de uma cadeia de significantes que já se encontravam socialmente disponíveis.

Finalmente, para além dessa estruturação ou representação da realidade que se faz a partir do imaginário e do simbólico, há o Real, que é aquilo que foge tanto ao imaginário, quanto ao simbólico, remanescendo no espaço que a linguagem não é capaz de integralizar, resistindo à apreensão e à nomeação, cabendo aqui a seguinte explanação de Safatle:

> O Real não deve ser entendido como um horizonte de experiências concretas acessíveis à consciência imediata. O Real não está ligado a um problema de descrição objetiva de estados de coisas. Ele diz respeito a um campo de experiências que não podem ser adequadamente simbolizadas ou colonizadas por imagens ideais de forte circulação social. Isso nos explica por que o Real é sempre descrito de maneira negativa e destituinte, como se fosse questão de mostrar que há coisas que só se oferecem ao sujeito sob a forma de negações. Daí proposições como "O Real é o impossível". O Real indica uma experiência de exterioridade em relação aos processos de reprodução material da vida e que preserva sua negatividade como forma de impedir que experiências de diferença sejam esmagadas (Safatle, 2020, p. 38).

Portanto, sempre que há uma disfuncionalidade na realidade, uma fissura na cadeia significante, surge algo que não pode ser imediatamente nomeado, esse algo é o Real. Por outro lado, ante a angústia ou impossibilidade em lidar com essa força disruptiva, surge como defesa o mecanismo do "princípio da realidade", que se articula do simbólico, renomeando as fissuras com os significantes já disponíveis, condizentes com a ambiência ideológica dominante. Nesse ponto, Fisher faz referência ao pensamento de Alenka Zupančič, segundo a qual:

> O princípio da realidade é intrinsecamente mediado pela ideologia, podendo ser até mesmo considerado como a forma mais sofisticada de ideologia, que se apresenta como fato empírico (seja biológico, econômico, etc.), uma necessidade (a qual tendemos perceber como não-ideológica). É precisamente aqui que devemos estar mais atentos ao funcionamento da ideologia (Fisher, 2009, p. 17-18, tradução nossa).

Diante disso, Fisher propõe que a invocação do Real constitui um caminho possível para revelar e combater a ideologia e o discurso do realismo capitalista:

> Para Lacan, o Real é o que qualquer "realidade" deve suprimir; na verdade, a realidade justamente se constitui nessa repressão. O Real é um "X" irrepresentável, um vazio traumático que somente pode ser vislumbrado nas fraturas e inconsistências da realidade aparente. Assim, uma estratégia contra o realismo capitalista poderia envolver a invocação do Real, que se encontra subjacente ao que o capitalismo nos apresenta (Fisher, 2009, p. 18, tradução nossa).

Cabe destacar que o próprio ato de Fisher em designar o realismo capitalista como tal, já diz respeito a um movimento de combate à sua ideologia, porquanto ao nomear o mal-estar social decorrente do embarreiramento de superação do capitalismo e da consequente sensação difusa de "lento cancelamento do futuro", ele possibilita a transposição do ato analítico para o plano político. Nesse sentido, da importância de nomeação dos traumas sociais, cabe referência a Maria Rita Kehl:

> O Real, inatingível pelas formações da linguagem, só pode ser inconsciente; é desse campo não organizado pelo significante que advém o trauma, em sua dupla inscrição: tanto de gozo quanto de invasão violenta, capaz de destruir a rede de representações que protege a vida psíquica e também a vida em sociedade. Se o trauma, por sua própria definição de Real não simbolizado, produz efeitos sintomáticos de repetição, as tentativas de esquecer os eventos traumáticos coletivos também resultam em sintoma social. Quando uma sociedade não consegue elaborar os efeitos de um trauma e opta por tentar apagar a memória do evento traumático, esse simulacro de recalque coletivo tende a produzir repetições sinistras (Kehl, 2009, p. 27).

No entanto, Fisher vai além da nomeação do sintoma, apontando para as frestas específicas do realismo capitalista, evocando as forças disruptivas do Real contra os dejetos ideológicos do capitalismo tardio, apontando para três flancos: meio ambiente, burocracia e saúde mental.

No que tange ao meio ambiente, por considerar um campo já em disputa, até por se tratar de uma falha mais evidente do capitalismo, Fisher deixa de se aprofundar nessa crítica, mas não sem antes pontuar que o capitalismo é essencialmente contrário a qualquer ideia de sustentabilidade e que nada contradiz mais o imperativo constitutivo do crescimento no capitalismo do que a ideia de racionar bens e recursos. Prossegue o teórico inglês asseverando que essa incontornável insustentabilidade torna cada vez mais clara e incômoda a percepção de que a autorregulação do consumidor e do mercado são incapazes, por si só, de evitar uma catástrofe ambiental, não obstante a desfaçatez das elites globais em abarcar as causas ambientais, esposando um falso alinhamento com a sustentabilidade ou simplesmente contestando os verdadeiros riscos ao meio ambiente. Diante disso, apesar de reconhecer a importância do tema, Fisher expressamente optou por não o desenvolver de modo mais detalhado, focando sua artilharia nos demais flancos, que são os da saúde mental e da burocracia, para tanto fazendo uso de seu arsenal teórico e ainda de sua experiência pessoal com a depressão e de sua atividade como professor na rede pública britânica.

2.3.1 Saúde mental na crítica ao realismo capitalista

Saúde mental é um tema recorrente na obra de Mark Fisher, o qual não se esquivou em expor sua condição pessoal de constante luta e relação contra e com a depressão, utilizando-a em seus argumentos. A proposta de Fisher consiste, fundamentalmente, em repolitizar a discussão acerca da saúde mental. Ele pondera que o realismo capitalista procura posicionar sintomas psíquicos, notadamente a depressão, como um fato natural, um simples descompasso na química cerebral. Além disso, lastreado na concepção liberal de que não existe sociedade, apenas indivíduos, o realismo capitalista procura enquadrar a depressão - e mesmo outros sintomas como a ansiedade, o estresse e os distúrbios de pânico - em termos de responsabilidade ou de circunstâncias individuais, evitando qualquer noção de causalidade entre tais sintomas e a atmosfera do capitalismo tardio.

Um dos argumentos legitimadores do realismo capitalista diz respeito à chamada "meritocracia", do discurso do 'voluntarismo mágico", termo de David Smail, correlato à concepção neoliberal de que com a supressão das redes de proteção social, tais como salário mínimo, benefícios de assistência e segurança social, acesso universal à saúde, dentre outros, serviria como estímulo para que as pessoas deixassem uma suposta zona de conforto e assim caminhassem para uma evolução econômica e espiritual. Além disso, explica Fisher, em seu artigo *Good For Nothing*, com expressa referência a Smail, que o rebaixamento da consciência de classe, operada a partir do discurso do "empresário de si mesmo", acabou por importar em uma maior permeabilidade das ideias de responsabilização individual:

> Há algum tempo, uma das táticas mais bem-sucedidas da classe dominante tem sido a responsabilização. Cada membro individual da classe subordinada é estimulado a sentir que sua pobreza, falta de oportunidades ou desemprego são culpa deles e somente deles. Antes de buscar qualquer causa nas estruturas sociais, os indivíduos culparão a si mesmos, até porque foram induzidos a acreditar que aquelas estruturas de fato não existem (são apenas desculpas, invocadas pelos fracos). O que Smail chama de "voluntarismo mágico" - a crença de que está ao alcance de todo indivíduo fazer o que quer que seja - é a ideologia dominante e a religião não oficial da sociedade capitalista contemporânea, pressionada pelos especialistas da TV, gurus dos negócios e políticos. O voluntarismo mágico é um efeito e uma causa do nível atual, e historicamente baixo, da consciência de classe. É o outro lado da depressão - cuja convicção subjacente é que todos somos os únicos responsáveis por nossa própria miséria e,

portanto, a merecemos. Um *double bind* particularmente cruel é imposto aos desempregados de longa data no Reino Unido agora: uma população que recebeu toda a sua vida a mensagem de que ela é "boa para nada" (good for nothing) é informada, simultaneamente, de que pode fazer o que quiser (Fisher, 2018c, p. 749, tradução nossa).

Neste ponto, cabe aqui trazer as conclusões de Fisher em outro texto de referência, *Why Mental Health is a Political Issue*:

Seria fácil argumentar que todos os casos de depressão podem ser atribuídos a causas econômicas ou políticas; mas é igualmente fácil dizer - como as abordagens dominantes da depressão – que as raízes de toda depressão sempre devem estar na química cerebral individual ou nas experiências da primeira infância. A maioria dos psiquiatras supõe que doenças mentais, como a depressão, sejam causadas por desequilíbrios químicos no cérebro, que podem ser tratados com drogas. Mas a maioria da psicoterapia também não aborda a causa social da doença mental [...] O terapeuta radical David Smail argumenta que a visão de Margaret Thatcher de que não existe sociedade, apenas indivíduos e suas famílias, encontra "um eco não reconhecido em quase todas as abordagens da terapia". Terapias como a cognitivo-comportamental combinam um foco no início da vida com a doutrina de auto-ajuda de que os indivíduos podem se tornar donos de seu próprio destino. A ideia é "com a ajuda especializada de seu terapeuta ou conselheiro, você pode mudar o mundo, pelo qual você é em última instância responsável, para que não mais lhe cause angústia" - Smail chama essa visão de "voluntarismo mágico".

Assim, conclui Fisher:

A depressão é o lado sombrio da cultura empresarial, o que acontece quando o voluntarismo mágico enfrenta oportunidades limitadas. Como o psicólogo Oliver James colocou em seu livro *The Selfish Capitalist*, "na sociedade de fantasia empresarial", somos ensinados "que apenas os ricos são vencedores e que o acesso ao topo está aberto a qualquer pessoa disposta a trabalhar duro o suficiente, independentemente de seus interesses e de sua origem familiar, étnica ou social - se você não tiver sucesso, há apenas uma pessoa para culpar". Já é tempo de a culpa ser colocada em outro lugar. Precisamos reverter a privatização do estresse e reconhecer que a saúde mental é uma questão política (Fisher, 2018c, p. 508-509, tradução nossa).

Voltando ao livro *Realismo Capitalista*, Fisher denuncia essa manobra ideológica, da "privatização do stress", por meio da qual, além de se eximir de suas responsabilidades, imputando exclusivamente aos indivíduos e às suas características biológicas a causa da depressão, o capital segue lucrando na indústria farmacêutica. Diz Fisher:

> A privatização do estresse é um sistema de captura perfeito, elegante em sua eficiência brutal. O capital adoece o trabalhador e, em seguida, as empresas farmacêuticas multinacionais lhes vendem medicamentos para torná-los melhores. A causa social e política da angústia é claramente evitada, ao mesmo tempo em que o descontentamento é individualizado e interiorizado [...] Uma resposta pública ao sofrimento privado raramente é considerada como primeira opção. É claramente mais fácil prescrever um medicamento do que propor uma mudança generalizada na forma como a sociedade é organizada (Fisher, 2018b, p. 467, tradução nossa).

Fisher, no entanto, ressalva que não está excluindo a relevância dos fatores biológicos ou mesmo de outros aspectos sociais e psíquicos como causas da depressão, bem como não está minimizando a importância de tratamentos psiquiátricos, ministrados com o uso de medicamentos. O que o autor questiona é uma sistemática postura evasiva em não politizar fatores causadores da depressão que estão diretamente ligados ou foram desencadeados por opções políticas inerentes ao capitalismo tardio.

Em sua denúncia, na qual expõe o grande aumento dos casos de depressão, Fisher trabalhou com dados do Serviço Nacional de Saúde do Reino Unido, o qual registrava a depressão como sendo a patologia com maior número de atendimentos, cenário que atualmente é também verificado no Brasil e no restante do mundo, eis que, recentemente, a OMS - Organização Mundial da Saúde fez um alerta sobre a depressão, publicando estudos apontando um aumento de 18% dos casos nos últimos dez anos, sendo que, em 2020, ela foi a doença mais incapacitante do mundo, com o Brasil liderando o número de casos na América Latina, com quadros depressivos atingindo quase 6% de sua população.[9]

Em complementação ao pensamento de Fisher, cabe aqui trazer algumas considerações de Maria Rita Kehl, formuladas em sua obra *O Tempo e o Cão*, peculiarmente publicada na mesma época de *Realismo Capitalista*, a qual trata a depressão como mal-estar típico da era neoliberal, fazendo uma crítica em termos muito próximos aos do teórico inglês, aduzindo que ela é o sinalizador do atual "mal-estar da civilização", indo na contramão do ideário da resiliência. Assim, diz Kehl:

> A depressão é a expressão de mal-estar que faz água e ameaça afundar a nau dos bem-adaptados ao século da velocidade, da euforia prêt-à-porter, da saúde, do exibicionismo e, como já se tornou chavão, do consumo generalizado. A depressão é sintoma social porque desfaz, lenta e silenciosamente, a teia de sentidos e de crenças que sustenta e ordena a vida social desta primeira década do século XXI. Por isso mesmo, os depressivos, além de se sentirem na contramão de seu tempo, veem sua solidão agravar-se em função do desprestígio social de sua tristeza (Kehl, 2009, p. 22).

---

9. Dia Mundial da Saúde Mental: Brasil lidera ranking de depressão e ansiedade. Portal Viva Bem - UOL, 10 de outubro de 2019.

Na mesma linha, em termos semelhantes a Fisher e Kehl, também há as considerações de Christian Dunker, formuladas em seu artigo *A hipótese depressiva*, em que também descreve a privatização do sofrimento mental, com esvaziamento e total desculpabilização do meio social, "individualizando o fracasso na forma de culpa, sem interiorizá-lo na forma de conflitos", o que seria uma "ótima" explicação social para a existência de "desviantes, fracassados ou excedentes do sistema de produção" (Dunker, 2020, p. 190).

Para além dessa massa de pessoas com sintomas depressivos mais graves e incapacitantes, Fisher também mapeou a existência de uma forma menos aguda, porém mais difusa do quadro depressivo, a qual denominou como "impotência reflexiva". Em sua argumentação, ele apresenta sua experiência como professor na "educação continuada", por meio da qual identificou um quadro comum em seus alunos, que não era propriamente apatia, mas sim de uma espécie de hiperstição negativa, uma profecia autorrealizada, decorrente de um sentimento de impotência, que retroalimenta uma inércia pré-existente e assim por diante.

Fisher já havia tratado da impotência reflexiva em outros textos, como por exemplo, em artigos do K-punk, tais como *"dis-identity politics"* (2006, apud, Fisher 2018b, p. 165-169), em que defendia a tese de que a passividade das massas estaria muito mais ligada a uma espécie de estado depressivo do que à problemática da conscientização. Essa impotência, explica Fisher, é explorada politicamente pela exacerbação da atmosfera de cinismo, tal como ocorre no discurso corriqueiro de desqualificação da classe política, que se materializa em frases como "político é tudo igual" ou "político nenhum presta". Evidentemente que aqui não se nega as mazelas históricas e a própria venalidade existente na classe política. Todavia, o ataque reiterado e sem critério, desconsiderando elementos estruturais da reprodução capitalista, atinge toda a dimensão da vida política, aumentando os sentimentos de desconfiança e de impotência, que nada mais fazem do que reforçar a manutenção do *status quo*, abrindo ainda caminhos para aventureiros, pessoas absolutamente desqualificadas e autoritárias.

Diante disso, Fisher propõe a necessidade de reocupação dos espaços políticos:

> Se a tarefa política mais crucial é esclarecer as massas sobre a venalidade da classe dominante, o modo preferido de discurso será a denúncia. No entanto, isso reforça ao invés de desafiar a lógica da ordem liberal; não é por acaso que o *Mail* (jornal *Daily Mail*) e o *Express* (jornal *Daily Express*) favorecem o mesmo modo de denúncia. Os ataques aos políticos tendem a reforçar a atmosfera de cinismo difuso, do qual se alimenta o realismo capitalista. O que é necessário não é mais evidência empírica dos males da classe dominante, mas uma crença por parte da classe subordinada de o que pensam ou dizem é importante; que eles são os únicos agentes efetivos de mudança. Isso nos leva à questão da impotência reflexiva. O poder de classe sempre dependeu de um tipo de impotência reflexiva, com as crenças da classe subordinada sobre sua própria incapacidade de ação, reforçando essa mesma condição. Seria obviamente grotesco culpar a classe subordinada por sua subordinação; mas ignorar o papel que sua cumplicidade com a ordem existente desempenha em um circuito autorrealizável ironicamente seria negar seu poder (FISHER, 2018b, p. 166-167, tradução nossa).

Cabe aqui antecipar algumas ideias que Fisher viria a desenvolver em seu livro seguinte, *Ghosts of My Life*, que será abordado mais adiante, notadamente no tópico pertinente à hauntologia. Trata-se da impotência reflexiva no âmbito da luta política, que pode ser designada como "melancolia de esquerda", ou seja, uma espécie de saudosismo para com a época fordista, do Estado de bem-estar social, correspondente a uma esquerda que opera sem uma crítica radical ao *status quo* e sem criar ou propor alternativas, ficando muito mais agarrada a uma impossibilidade, do que a qualquer tipo de fecundidade, o que equivale, no âmbito individual, justamente àquele sintoma da impotência reflexiva. Nessa linha, Fisher, cotejando o pensamento de Wendy Brown e Jodi Dean, pondera o seguinte:

> Jodi Dean, em seu livro *The Communist Horizon*, no qual discute as ideias de Brown, se refere à fórmula de Lacan: "*a única coisa de que se pode culpar é ceder em relação ao próprio desejo*" e à mudança de rota da esquerda que Brown descreve – ou seja, de uma esquerda que se apropriava do futuro, para uma esquerda que passou a fazer de sua incapacidade uma virtude – o que parece exemplificar a transição do "desejo" – que em termos lacanianos é o desejo de desejar – para "pulsão", ou seja, um prazer pelo fracasso (Fisher, 2014, p. 23-24, tradução nossa).

Conforme já mencionado, para Fisher a questão do desejo é central no campo político, tema que perpassa toda sua obra e que, portanto, merecerá oportuna abordagem específica. Por ora, cabe a noção de que, na transição do período fordista para o pós-fordismo, o neoliberalismo foi capaz de capturar e canalizar o desejo da classe trabalhadora, com promessas emancipatórias, de inovação, capacidade de surpreender, flexibilidade e liberdade, as quais, evidentemente, não foram cumpridas e se traduziram em uma precarização do trabalho e das relações sociais em geral. Nesse ponto, para além de *Realismo Capitalista*, cabe aqui trazer outro texto esparso de Fisher, no qual ele articula como alegoria não somente da precarização do trabalho, mas também coloca em termos a problemática do tempo, no sentido de que a exploração capitalista não apenas suprime das pessoas o mais valor, como também o tempo em que elas poderiam estar se dedicando a outras atividades, assim demonstrando a necessidade de politizar a própria temporalidade. Trata-se do artigo *Time-Wars: towards an alternative for the neo-capitalist* (2018b, p. 515-519).

Esse texto tem por ponto de partida o enredo da produção hollywoodiana *O Preço do Amanhã* (2011), que, na visão de Fisher, serve de base para uma poderosa crítica à precarização da vida no capitalismo tardio e disputa por um "tempo" que não se restrinja ao trabalho. O filme é uma distopia que se passa no ano de 2169. Em tal cenário, por meio da engenharia genética, as pessoas envelhecem somente até os 25 anos. Todos possuem uma espécie de cronômetro digital implantado no antebraço, o qual está em constante contagem regressiva. O trabalho é remunerado com acréscimo de tempo no contador e os pagamentos implementados pelos trabalhadores na compra de mercadorias são feitos pela transferência desses mesmos créditos temporais.

Atingindo 25 anos, inicia-se a derradeira contagem de um ano. Quando o cronômetro zera, o prazo da pessoa expira e ela morre instantaneamente. Todavia, o cronômetro pode ser carregado, sendo que o tempo passa a ser a moeda corrente. Há bairros operários em que as pessoas dificilmente vivem mais que 25 anos, ao passo que em locais mais abastados os ricos possuem séculos para desperdiçar.

Fisher considera *O Preço do Amanhã* como sendo o primeiro filme de ficção científica sobre precarização do trabalho, tanto no seu aspecto existencial, quanto na forma de organização do trabalho, que, literalmente, é remunerado em tempo de vida. Apesar de ser uma obra típica do *mainstream*, que por vezes acaba escorregando para um anticapitalismo meramente performático e interpassivo, é possível extrapolá-la, para dela se extrair a percepção de que o capitalismo, através do constrangimento das pessoas a trabalhos enfadonhos e antiprodutivos, não apenas se apropria do mais-valor gerado pela força de trabalho, como também suga o próprio tempo de vida do trabalhador, canalizando a energia vital para longe de práticas dignificantes ou de mínima conformidade com a vocação das pessoas, culminando em tarefas absolutamente inúteis, naquilo que David Graeber denominou com *bullshit jobs*.

Ainda quanto à precarização, cabe registrar que ela pode ser definida como processo multidimensional de mutação das relações de trabalho, abrangendo estratégias de captura psíquico-ideológicas, fragmentação das estruturas de organização dos trabalhadores e mitigação de direitos trabalhistas e a própria desqualificação da natureza jurídico-trabalhista dessas relações. Essa precarização foi iniciada não somente na reestruturação material dos processos produtivos, como também na formatação ideológica dos próprios trabalhadores. Dentre os modelos de "flexibilização", há aquele que ficou conhecido como toyotismo, que é representado pela máxima "just in time", a qual designa o uso da "produção" (para não dizer do trabalho) no exato tempo necessário, o que encontra ressonância com o título original do filme, "In Time".

Entretanto, esse tempo exato de trabalho, esse "just in time", pode também significar ausência de trabalho. Afinal de contas, do mesmo modo que pode sugar o tempo de vida dos trabalhadores, a flexibilização do trabalho também proporciona incerteza de se ter trabalho. Note-se que, no período fordista, o paradigma do mundo do trabalho era o ideal do pleno emprego, modulado por meio de jornadas de trabalho limitadas e previamente estipuladas. Agora, o trabalhador, quando tem "sorte", acaba sendo exaurido por longas jornadas extenuantes, mas sem a garantia de que, no dia seguinte, ainda terá a oferta de emprego. Trata-se do ideal do contrato de trabalho "zero hora" ou da desconfiguração das relações trabalhistas para simples contratos de prestação de serviços, tudo isso a normalizar a incerteza.

Essa institucionalização da instabilidade acaba por gerar, segundo Fisher, um outro sintoma psíquico, que se dissemina pela classe trabalhadora. Trata-se daquilo que o teórico inglês denominou como "pânico de baixa intensidade", que é potencializado pela cada vez mais elevada velocidade dos meios de comunicação, que importa na fusão do tempo de trabalho com aquele destinado às demais atividades dos trabalhadores e na desterritorialização do local de trabalho que, na era da informática, pode ser qualquer lugar, processo esse que foi enormemente acelerado pela pandemia de Covid-19, que ensejou a difusão do chamado *home office* e o deslocamento de boa parte das vendas de bens de consumo para as plataformas digitais. Nesse ponto, ainda com referência ao artigo *Time-Wars*, cabem as seguintes considerações de Fisher:

> O medo, que se prende a objetos específicos, é substituído por uma ansiedade mais generalizada, um temor constante, uma incapacidade de se acalmar. A incerteza do trabalho

é intensificada pela tecnologia da comunicação digital. O simples advento do e-mail dissolveu a concepção de local e horário de trabalho. Nada melhor caracteriza o momento presente do que nossa verificação ansiosa de nossas mensagens, que podem trazer oportunidades ou demandas (muitas vezes ao mesmo tempo) ou, mais abstratamente, de nosso *status*, o qual, como o mercado de ações, está constantemente sob revisão [...] Estamos muito longe da "sociedade do lazer" que foi prevista com confiança na década de 1970 (Fisher, 2018b, p. 516, tradução nossa).

Certamente nunca foi verdadeiro interesse do capital a liberação, pura e simples, de tempo de trabalho em favor de qualquer outra atividade do trabalhador que não fosse a de sua estrita subsistência. Afinal, a valorização do valor, que determina a transformação de trabalho vivo em trabalho morto, exige, por conta da tendência da queda da taxa de lucro, quantidades cada vez maiores de trabalho. Fora isso, para além da exploração do trabalho intrinsecamente considerada, a escassez de tempo do trabalhador também se acopla estruturalmente na reprodução do capital, na medida em que obsta ou dificulta a realização de outras atividades, tais como o estudo ou a simples reflexão, a partir dos quais possa surgir uma maior capacidade crítica.

Partindo dessa premissa, Fisher pondera que o desejo pós-capitalista pressupõe tempo, motivo pelo qual a simples ampliação de políticas sociais, como aquelas pertinentes ao direito de moradia, podem, por si só, atuar como elemento catalisador. Nessa linha, ele lembra que, no final dos anos 70, havia no Reino Unido uma grande disponibilidade de residências sociais e *squats* (ocupações), diminuindo a pressão sobre as pessoas para pagamento de aluguel e outros custos de moradia. Isso, ainda segundo Fisher, permitiu a liberação de um mínimo tempo criativo, por meio do qual floresceu uma rica e inovadora cena cultural, representada pelo movimento punk e pós-punk (2018b, p. 518). Em vista disso, afigura-se altamente relevante a politização desse tema, para abertura de um "tempo", de uma sociabilidade, que não seja exclusivamente dedicada a uma vazia criação de excedente de trabalho, concluindo Fisher:

> É esse tipo de tempo, não daquele que é objeto de assédio pelo empresário, que dá origem ao novo. Esse tipo de tempo em que a mente coletiva pode se desenvolver também permite que a imaginação social floresça. A era neoliberal - a época em que, nos disseram repetidamente, *não há alternativa* - foi caracterizada por uma deterioração maciça da imaginação social, uma incapacidade de conceber maneiras diferentes de trabalhar, produzir e consumir. Agora está claro que, desde o início, o neoliberalismo declarou guerra a esse modo alternativo de tempo. Permanece incansável em sua propagação de ressentimento contra os poucos fugitivos que ainda conseguem escapar da esteira da dívida e do trabalho sem fim, prometendo garantir que em breve eles também serão condenados a realizar trabalho interminável e sem sentido - como se a solução para a atual estagnação residisse em mais trabalho, ao invés de estar na fuga do culto ao trabalho. Se houver algum tipo de futuro, dependerá de recuperarmos os usos do tempo que o neoliberalismo procurou encerrar e nos fazer esquecer (Fisher, 2018b, p. 519, tradução nossa).

Outra dimensão da escassez de tempo, que pode ser entendida como consequência da precarização do trabalho, concerne aos efeitos negativos sobre as relações familiares e os laços de amizade. Conforme já visto, na expressão do pensamento fisheriano, o enfraquecimento dessas relações contribui para o surgimento de sintomas como a depressão, ansiedade e do mencionado "pânico de baixa intensidade", o que invariavelmente acabou por afetar as relações familiares, as quais, a seu modo, também foram precarizadas. A mudança qualitativa entre os vínculos e dinâmicas familiares da virada do período fordista para o pós-fordista foi muito bem delineada por Fisher por meio do uso de alegorias das produções do *mainstream*.

Nessa distinção, Fisher utilizou como parâmetro do fordismo e do estado de bem-estar social o filme clássico de máfia *O Poderoso Chefão* (1972), no qual a família ocupava um papel principal, tanto na formação da estrutura de poder, como objeto fim de toda a atividade mafiosa. O próprio termo "família" era muitas vezes usado como sinônimo da organização criminosa. A base ideológica que procurava legitimar a ação dos protagonistas era, em última instância, o discurso de proteção e preservação da família, o que já se revela no título original do filme, *The Godfather*, que significa "o padrinho", em sua acepção católica, ou seja, aquele que protege e orienta.

Em seu cotejamento, agora com relação ao período pós-fordista, do realismo capitalista, Fisher lançou mão de outro filme, *Heat – Fogo contra Fogo* (1995), que retrata uma inversão de valores, eis que, nesse ambiente do crime organizado pós-moderno, a família torna-se absolutamente descartável ou até mesmo um contratempo. Além disso, cabe destacar a coincidência de atores entre as duas películas. Em *Heat*, Al Pacino desempenha o papel de um tenente da polícia de Los Angeles, Vincent Hanna. Já Robert de Niro vivencia seu antagonista, Neil McCauley, líder de um grupo de assaltantes. Já na trilogia do *O Poderoso Chefão*. Pacino representava o chefe mafioso Michael Corleone e De Niro interpretou o pai de Michael, Vito Corleone, em um momento anterior da narrativa, com ambos, em suas respectivas temporalidades, ocupando a posição de "Padrinho".

Agora em *Heat*, os personagens interpretados por esses atores ocupam campos antagônicos, com o policial Hanna investigando a quadrilha do mafioso McCauley. Contudo, os personagens demonstram mútua admiração pelo "profissionalismo" um do outro. Em determinado momento, em uma espécie de advertência amistosa, Hanna alerta Neil para que interrompa sua série de assaltos, instando-o para que tenha uma vida normal, mas em seguida refletindo que nem mesmo ele próprio tem uma "vida regular", com seu terceiro casamento prestes a acabar, o que seria motivado pela imprevisibilidade de seu trabalho investigativo, em perseguir e prender tipos igualmente erráticos como McCauley. Nesse momento, o personagem de De Niro declina a frase título do filme: "um cara me disse certa vez, não se comprometa com nada que não esteja disposto a abandonar em trinta segundos cravados caso você sinta o 'calor' (heat) dobrando a esquina". Essa fala consubstancia uma inversão que muito bem representa as diferenças entre o fordismo e o pós-fordismo, justamente envolvendo os mesmos atores que antes, no início dos anos 70, representavam os personagens emblemáticos que tinham a família como valor principal, ou seja, Neil McCauley é o oposto dos antigos chefes da Máfia, defendendo uma mobilidade perpétua, na qual laços familiares são insustentáveis.

A alegoria de Fisher ganha mais força pela presença dos mesmos atores que em um momento personificavam os garantes das famílias, mas que, em *Heat* estão dispostos a sacrificá-la, um em favor da atividade criminosa e o outro a pretexto de combatê-la. Além disso, os produtores de *Heat* exploraram comercialmente o fato de que os dois atores, ambos renomados e em papéis emblemáticos em *O Poderoso Chefão*, por atuarem em fases distintas, nunca estiveram presentes na mesma cena, o que gerou bastante interesse da mídia e do público de que em *Heat* isso viria ocorrer, em uma espécie de metanarrativa, na qual a disputa entre os personagens também representava uma disputa ou concorrência entre os atores para determinar quem teria a melhor performance dramática, numa espécie de precarização da concorrência entre os grandes atores, mas que já se encontravam em fase de declínio de suas respectivas carreiras.

Nesses quadrantes de análise fílmica, Fisher demonstra, por meio de suas potentes alegorias, a corrosão dos vínculos familiares e de amizade, ponderando que a fragilização da esfera pública fez com que a família despontasse como um dos poucos espaços remanescentes, nos quais os trabalhadores poderiam ser acolhidos, configurando um ponto de estabilidade em um mundo cada vez mais instável. Afinal, as constantes trocas de emprego, a vacilante alternância entre períodos de emprego e desemprego, o avanço da jornada e do espaço de trabalho para o interior das residências, aliadas às exigências de produtividade e à concorrência entre trabalhadores, apenas fomentam a doutrina de McCauley.

Portanto, sentencia Fisher, o próprio capitalismo, que depende da família para manutenção e reprodução da força de trabalho, compromete a integridade familiar, negando tempo dos pais com os filhos, colocando um estresse intolerável entre casais, cujos membros se tornam fonte de consolo exclusivo de um para o outro (2009, p. 31-38). Evidentemente, cabe destacar, que Fisher não está a fazer um elogio ao modelo da família patriarcal, típica do paradigma fordista, mas apenas manejando a crítica nos próprios termos do realismo capitalista, a partir de suas promessas não cumpridas, as quais, para além da saúde mental e dos vínculos familiares, também se estende à burocracia

2.3.2 Burocracia na crítica do realismo capitalista

Fisher abre sua investida contra outro flanco do realismo capitalista por meio do provocante título *All that is solid melts into PR: Market Stalinism and bureaucratic anti-production* (Tudo o que é sólido se desmancha em relações públicas: stalinismo de mercado e antiprodução burocrática), que é uma síntese da abordagem crítica de Fisher contra a burocracia e, assim como a expressão "realismo capitalista", funciona ao longo do tópico como anti-slogan estruturante do texto (2009, p. 43-53).

A primeira parte, "tudo o que é sólido se desmancha em relações públicas", é uma expressa referência a Marx e Engels, da célebre e já mencionada frase do *Manifesto Comunista*, pertinente à capacidade de o capital a tudo mercantilizar, de a tudo enquadrar na forma mercadoria. Entretanto, no caso, o jogo de palavras concerne à peculiaridade existente no capitalismo tardio de valorização das aparências, o que abrange desde as atividades do mais humilde funcionário terceirizado até a dimensão do valor de mercado das grandes multinacionais. Como lembra Fisher, os lucros na bolsa de valores dependem muito mais das percepções e crenças acerca do desempenho de uma empresa do que em relação ao que ela efetivamente faz.

Ele defende, portanto, que as relações públicas, as aparências percebidas pelo "mercado", pela opinião pública, são o "grande Outro" do realismo capitalista, cabendo aqui lembrar que, na acepção lacaniana, o "grande Outro" corresponde a um lugar simbólico, que serve como base de todo um sistema de balizamento psíquico e comportamental, podendo ser representado pelas concepções de Deus, da Lei, dos bons costumes, do patriarcado, do feminismo, da família, da morte, em suma, algo a que se atribui uma alteridade em um patamar qualificado, algo que interpela e submete o indivíduo, enquadrando pensamentos e ações. Portanto, a preponderância das relações públicas como "grande Outro" permite, por exemplo, que uma multinacional sediada nos países centrais possa perfeitamente explorar mão de obra precária infantil no sudeste asiático, mas desde que tal informação não venha expressamente à tona, do mesmo modo que uma mineradora pode despejar maciças quantidades de dejetos em áreas de proteção ambiental, desde que não haja qualquer catástrofe aparente.

A segunda parte do título contrapõe duas concepções a priori inconciliáveis, "o mercado" e o "stalinismo", somando-os ao conceito deleuziano de "antiprodução", atrelado à burocracia. No entanto, mais que uma incongruência, essa mescla de conceitos antitéticos é reveladora da própria estruturação da sociedade capitalista, calcada em crises e contradições. Partindo dessa premissa, já se referindo ao tempo presente, Fisher aduz que a atmosfera do realismo capitalista repete do stalinismo a preponderância dos símbolos em relação às efetivas realizações.

Cabe destacar que aqui não se está defendendo uma crítica leviana ao socialismo realmente existente ou mesmo do stalinismo, assunto extremamente complexo e que exige inúmeras mediações.[10] Diante de tal complexidade, afigura-se mais adequado apreender a análise de Fisher dentro dos exatos objetivos por ele expressamente propostos, correlatos à crítica da burocracia no

---

10. Nessa linha, Paulo Fagundes Visentini bem sintetiza a problemática e a polêmica envolvida: "Durante décadas a União Soviética serviu de referência, idolatrada por seus admiradores e execrada por seus opositores, pois suas imensas realizações sociais e econômicas contrastavam com as mazelas de seu sistema político, criticado pelo autoritarismo e pela violência. Sem dúvida, a Revolução Russa e o regime soviético foram marcados por paradoxos ainda não suficientemente analisados com isenção e objetividade mesmo um século depois. Muitas obras marcam seu centenário, a maioria interessada apenas em "julgá-la", sem muita informação factual. O desmoronamento da URSS e do bloco socialista deu lugar a um estudo historiográfico que desqualifica as conquistas sociais da revolução, que costumam ser apresentadas apenas como repressivas e ineficientes" (*Os Paradoxos da Revolução Russa*, 2017, p. XI-XII).

capitalismo tardio, de modo a demonstrar que o realismo capitalista acaba por repetir mazelas similares ao da economia soviética planificada, mas sem minimamente garantir os mesmos serviços e redes de proteção social.

Voltando à análise do título, a referência à "antiprodução" pode ser entendida em sua acepção deleuziana, ou seja, de intervenção do surgimento ou desenvolvimento de qualquer ação ou potencialidade tendente a obstar à reprodução capitalista ou mesmo, em uma acepção mais simples, como uma atividade que milita em detrimento da própria eficiência do sistema. Para desenvolver todos esses significados bem sintetizados em seu espirituoso título, Fisher faz uso, como alegoria, da comédia *Office Space* (1999). O filme retrata o ambiente do que seria uma típica empresa americana de software do final dos anos 90. O personagem principal, Peter Gibbons, é um programador frustrado e desmotivado, que trabalha em um cubículo, atualizando a data de programas, em prevenção ao chamado "bug do milênio". A empresa se chama *Intech*, a qual Fisher destaca como uma corporação esclerosada pela "antiprodução", ou seja, gastando energia para atrapalhar o trabalho de membros potencialmente produtivos, interditando potencialidades de seus próprios funcionários.

É o que ocorre em uma das cenas de referência do filme, conhecida como cena dos memorandos, chamados de "TPS reports", na qual Peter recebe múltiplos comunicados, vindos de diferentes chefes, os quais contém a mesma informação, concernente à simples necessidade de colocação de folhas de capa em relatórios. Ao esquecer a colocação da capa em um único relatório, ele é novamente cobrado pelos chefes, os quais, ao invés de aceitarem que foi um simples esquecimento, obsidiam o protagonista com novos memorandos.

Em uma trama paralela, *Office Space* mostra os percalços de Joanna, interesse amoroso de Peter, uma garçonete que trabalha em uma unidade da rede de restaurantes *Chotchkie's* que fica ao lado da *Intech*. No restaurante, os funcionários devem adornar suas vestimentas por meio de símbolos, do tipo *buttons*, que são denominados "flairs" ou "talentos". A orientação oficial é de que o funcionário componha seu uniforme com o mínimo de 15 peças[11] de talentos e Joanna assim o faz. Contudo, ela é constantemente assediada pelo gerente da loja, o qual observa que ela está usando apenas o mínimo, apontando como exemplo o funcionário Stan, que usa 37 peças. Quando Joanna retruca, ponderando que se esse é o número ideal, por qual motivo ele não é estabelecido como o mínimo, o gerente lacônica e enigmaticamente responde que, em algum momento, ela disse que "gostaria de se expressar", dando a ideia de que dela se esperava mais que o mínimo. Nesse ponto, Fisher observa:

> Suficiente não é mais suficiente. Esta síndrome é bastante familiar a muitos trabalhadores que podem achar que uma classificação "satisfatória" em uma avaliação de desempenho não é mais satisfatória. Muitas instituições de ensino, por exemplo, determinam que um professor com performance tida como "satisfatória" seja enviado para um treinamento ou requalificação, para em seguida ser submetido a uma nova avaliação (Fisher, 2009, p. 40, tradução nossa).

Fisher observa que governos neoliberais, que se apresentavam como "antiburocráticos", vem intensificando práticas burocratizantes, consubstanciadas em "declarações de missão", "autoavaliações", em um contrassenso, que na verdade é apenas aparente, eis que todas essas medidas são compatíveis com a chamada "sociedade de controle", típica da vertente neoliberal do capitalismo. Nessa toada, a horizontalização prometida e entregue pelo neoliberalismo é apenas aparente, na medida em que toda uma nova tecnologia de sistemas da informação fornece uma imagem abrangente das corporações, possibilitando que a margem de manobra concedida aos níveis inferiores seja mais bem calculada e controlada, ou seja, a aparente liberdade dos subordinados ocorre mediante balizamentos, calibrados a partir de dados muitas vezes por eles próprios fornecidos.

Contudo, ainda segundo Fisher, tais mecanismos de medição, muito mais que meios eficientes de fomento produtivo,

---

11. Em *Realismo Capitalista*, Fisher menciona que o número mínimo de broches ou peças de talento seriam 07 (sete). No entanto, no filme, o número mínimo é 15 (quinze) broches.

consubstanciam práticas que reforçam aquilo que ele denomina como *being smart ethos*, correspondendo a já mencionada atmosfera cínica, típica do realismo capitalista, na qual a aparência de trabalho é mais recompensada que o próprio trabalho. Esse cenário é potencializado nas atividades que não geram bens materiais facilmente quantificáveis, tais como os sistemas públicos de saúde ou de ensino. Quanto a esses, diz Fisher:

> A compulsão para avaliar o desempenho de trabalhadores e formas de trabalho que, por sua natureza, são de difícil quantificação, inevitavelmente exigiu novas camadas de gestão burocrática. Contudo, essas não se traduzem em uma comparação direta do desempenho ou produção de trabalhadores, mas uma comparação entre a representação auditada desse desempenho e o "output", ou seja, os dados fornecidos. Inevitavelmente, ocorre um curto-circuito, e o trabalho se torna voltado não para a produção, mas para a criação e a formatação dos dados da representação [...] Essa inversão de prioridades é uma marca do sistema que pode ser qualificado, sem qualquer exagero, como "stalinismo de mercado", ou seja, o que o capitalismo tardio repete do stalinismo é justamente valorizar os símbolos do desenvolvimento, ainda que em detrimento do desenvolvimento efetivamente alcançado (Fisher, 2009, p. 42-43, tradução nossa).

Ocorre assim uma internalização do controle burocrático, o qual é implementado pelo próprio trabalhador, correspondendo à mudança de paradigma da sociedade disciplinar para a sociedade de controle, ou seja, na sociedade disciplinar, típica do fordismo, havia patentes comandos normativos, hierarquizados e implementados em espaços bem definidos, tal como família, escola, caserna, fábrica e prisão, tendo como pressuposto a ideia de confinamento. Os indivíduos eram constrangidos de maneira uniforme, em um mesmo espaço e acabavam formando um corpo único e coeso, ou seja, alunos da escola, trabalhadores da fábrica, detentos da prisão e assim por diante.

Já na sociedade de controle do pós-fordismo, há uma dispersão da produção, viabilizada pelas novas tecnologias de informática, com a criação de uma espécie de linha de montagem fluida, com a produção de componentes da mercadoria final sendo feita em fábricas distantes umas das outras, muitas vezes em diferentes países, dificultando a articulação de trabalhadores, bem como constrangendo-os a não exigirem mais direitos, por saberem que, em vista de qualquer dificuldade, a unidade pode ser fechada e instalada em outro país, em que os direitos trabalhistas sejam ainda mais frouxos. Fora isso, essa valorização da aparência também atua, segundo Fisher, na decomposição da consciência de classe e na exacerbação do individualismo, fomentada pela cultura da meritocracia, que pulveriza a articulação entre os trabalhadores da mesma empresa, o que é efetivado por meio de um sistema de prêmios e avaliações, que consubstanciam uma eterna formação continuada, que implica não em uma constrição direta, mas em uma modulação que, em última instância, é levada a cabo pelos próprios empregados.

Fisher, fazendo referência a Deleuze, utiliza como alegoria desses mecanismos de controle o livro de Kafka, *O Processo*, no qual são definidos três tipos de julgamento ou de avaliação, similares a um julgamento processual que culmina em uma absolvição. Segundo Fisher, existem os seguintes tipos de "absolvição": A absolvição real; a absolvição aparente e o retardamento. A absolvição real é a de caráter absoluto, em que o caso não pode ser reaberto, a qual seria a verdadeira absolvição, similar à coisa julgada absolutória no processo penal. Já a absolvição aparente diz respeito a um simples encerramento do processo. Em termos processuais, seria uma espécie de coisa julgada formal, em que ocorreria algo como a retirada das acusações ou de uma circunstancial insuficiência de provas. Assim, o processo acusatório poderia ser, a qualquer tempo, reaberto. Finalmente, há o retardamento, que constitui um indefinido adiamento, ou seja, o julgamento prossegue por tempo indeterminado, sem que o indivíduo seja condenado, mas, por outro lado, sem que também seja absolvido.

Esse último instituto corresponderia aos mecanismos típicos de modulação da sociedade de controle, na qual se exige um treinamento contínuo, uma avaliação constante ao longo de toda a vida profissional, sendo mais um fator ou questão que se sobrepõe aos já mencionados problemas da saúde mental, somando-se ao rol de promessas não cumpridas pelo neoliberalismo. Nesse sentido, aduz Fisher:

> O pós-fordismo trouxe novos modos de estresse. Em vez da eliminação da burocracia prometida pelos ideólogos neoliberais, a combinação de nova tecnologia e gerencialismo aumentou enormemente o estresse administrativo colocado sobre os trabalhadores, que agora precisam ser seus próprios auditores (o que de maneira alguma os livra das atenções dos auditores externos de vários tipos). O trabalho, por mais casual que seja, agora envolve rotineiramente o desempenho do meta-trabalho: a conclusão de livros de registro, o detalhamento de metas e objetivos, o envolvimento no chamado desenvolvimento profissional contínuo [...] o trabalho nunca acaba: espera-se que o trabalhador esteja sempre disponível, sem reivindicar uma vida privada. Por outro lado, o precariado é completamente dispensável, mesmo quando eles sacrificam toda a autonomia para manter seus empregos (Fisher, 2018b, p. 464, tradução nossa).

Dando continuidade à sua crítica à burocracia do realismo capitalista, Fisher amplia a discussão do âmbito individual para o plano estatal e global. Afinal, o neoliberalismo sempre foi muito crítico com relação a aquilo que denomina *nanny state* (Estado babá), ou seja, um Estado que indevidamente interfere na livre escolha dos cidadãos e ainda assim de modo ineficiente. Fisher propõe que a raiva direcionada ao *nanny state* talvez tenha ligação com uma espécie de decepção para com o "grande Governo", ou seja, para com o grande Outro representado pelo Estado. Ainda assim, a figura do "grande Governo" exerceria uma função libidinal, pertinente à ideia de que há de fato alguém no comando e que, portanto, pode ser responsabilizado. Nesse ponto, o teórico inglês apresenta estudos feitos no âmbito de concessionárias de serviços públicos, as quais, ao falharem na sua prestação, ensejam uma reação muito mais voltada contra o poder concedente, ou seja, o Estado, do que contra elas próprias.

Prossegue Fisher, ponderando que esse mesmo fenômeno ocorreu em uma escala muito maior na crise de 2008, na qual o foco dos meios de comunicação estava na crítica da ganância de determinados banqueiros e na inabilidade dos governos em conter seus excessos. Contudo, culpar os governos, para além da fácil escolha de um bode expiatório, talvez também seja um sinal de um inconsciente político coletivo, que se recusa a aceitar o fato de que não há um controle central, ou seja, de que, na verdade, o que se tem mais próximo de um governo central consiste em nebulosos interesses corporativos.

Ainda segundo Fisher, para a maioria das pessoas, o mais próximo que se chega em termos de experiência acerca da ausência de centralidade nas determinações do capital, diz respeito ao contato com os *call centers*:

> O consumidor no capitalismo tardio vê-se cada vez mais dividido em duas realidades: uma na qual os serviços são fornecidos e tudo ocorre bem, e outra, inteiramente diferente, na qual se é enviado ao labirinto kafkiano dos *call centers*. Trata-se de um mundo sem memória, onde causa e efeito se conectam de maneiras misteriosas e insoldáveis, em que é praticamente um milagre que algum problema seja efetivamente resolvido, onde se perde a esperança de retorno àquela outra realidade em que as coisas funcionavam [...] A repetição dos mesmos detalhes, em diferentes conversas, com diferentes atendentes mal informados e treinados, geram uma raiva que remanesce impotente ante à ausência de um legítimo alvo, ficando rapidamente claro que ninguém pode fazer nada a respeito e mesmo que pudesse não o faria. A

raiva fica restrita no âmbito de um mero desabafo e eventual agressão lançada no vácuo, dirigida ao atendente, que é apenas mais um companheiro-vítima desse mesmo sistema (Fisher, 2009, p. 63-64, tradução nossa).

Essa experiência, conclui Fisher, pertinente a um sistema que é indiferente, descentralizado e fragmentado, é o mais próximo que alguém pode chegar em termos de confrontação direta com a estupidez do capital.

Complementando seus argumentos, o teórico inglês novamente lança mão da obra de Kafka, ponderando que, usualmente, Kafka é interpretado como um escritor centrado em questões relativas aos Estados de exceção e violações do devido processo legal. No entanto, Fisher propõe uma interpretação diferenciada, fazendo uma leitura não propriamente focada na crítica ao autoritarismo, tratando Kafka como visionário da burocracia moderna. Tal característica fica mais clara na leitura de *O Castelo* (Kafka, 2008), obra escrita em 1922, mas que antecipa os percalços típicos da experiência do *call center*, muito próxima da rede de telefonia do Castelo.

Em tal sistema, uma ligação faz com que todos os telefones do Castelo soem simultaneamente. Em regra, nenhum funcionário atende, eis que todos estão ocupados demais com outras tarefas e, quando um deles atende o faz apenas para atenuar o seu próprio tédio, respondendo muitas vezes em tom de piada ou brincadeira. No entanto, prossegue Fisher na descrição de Kafka, uma informação vinda desse sistema jamais pode ser menosprezada, afinal veio de um oficial do Castelo (Kafka, 2008, p. 79; Fisher, 2009, p. 64-65).

Ainda segundo Fisher, tal descrição bem ilustra a genialidade de Kafka, o qual apresenta uma das sensações difusas do realismo capitalista, mais precisamente aquilo que Fisher designa como "ateologia negativa" (2009, p. 65). Trata-se da percepção de que não há um governo, não há um responsável, mas nem por isso esse centro perdido deixa de ser procurado, tal como ocorre em tragédias e eventos que, muitas vezes, tem uma causalidade muito mais estrutural do que individual e, mesmo assim, sempre se tenta dar uma roupagem personalista da responsabilidade, desconsiderando as profundas estruturas previamente existentes, as quais, ainda que em maior ou menor grau, acabam invariavelmente por moldar as condutas dos agentes diretamente responsáveis. Afinal, prossegue Fisher, mesmo agentes ou gestores inicialmente bem-intencionados, imbuídos do espírito em fazer a diferença ou de ao menos não repetirem erros de seus antecessores, em pouco tempo são constrangidos, naquilo que autor denomina de "casulo mortificante da estrutura corporativa" (Fisher, 2020, p. 115), o qual constrange e subsume tais agentes, compelindo-os às mesmas condutas que um dia condenaram ou juraram evitar.

Fisher assim ilustra a problemática das estruturas na sociabilidade capitalista, as quais, por serem altamente abstratas, não podem ser adequadamente manobradas em termos jurídicos, eis que a forma jurídica operada em termos de uma subjetividade individual, ignorando ou contornando as estruturas sociais e, principal, desconsiderando a principal determinação da vida social que é aquela decorrente da forma mercadoria. Fisher assim expõe a problemática:

> Quais agências seriam capazes de regular e controlar estruturas impessoais? Como é possível punir uma estrutura corporativa? Sim, as corporações podem ser legalmente tratadas como indivíduos – mas o problema é que as corporações, embora sujeitos de direito, não são seres humanos individuais, razão pela qual qualquer tentativa em punir corporações nos mesmos moldes que pessoas naturais acaba resultando em medidas necessariamente insuficientes. Além disso, mesmo essas corporações não correspondem aos agentes de nível mais profundo que estariam por trás de tudo. Elas mesmas são constrangidas pela determinação de última instância, a causa-que-não-é-o-assunto, *o capital* (Fisher, 2009, p. 69-70, tradução nossa).

Nesses termos, a burocracia, conforme o pensamento de Fisher, funcionaria como um sistema de controle dos indivíduos, os quais são constantemente interpelados em continuadas avaliações, sistemas de pontos e recompensas, exercendo também uma importante função ideológica em enquadrar as pessoas em termos de responsabilidades individuais, evitando um questionamento das estruturas e das formas sociais, a dificultar ainda mais a identificação da determinação da valorização do valor como principal agência responsável pelas atuais mazelas sociais. Porém, naquela linha da crítica por dentro ou nos próprios termos do discurso do realismo capitalista, a burocracia concerne a um tópico diferenciado, porquanto o neoliberalismo sempre fez uso da retórica do Estado mínimo, notadamente para abrandar a intervenção estatal na vida das pessoas, liberando-os da burocracia, o que, evidentemente, não ocorreu.

2.3.3 Cultura e realismo capitalista: o lento cancelamento do futuro

Até agora, foram tratados, de modo mais aprofundado, os flancos da saúde mental e da burocracia, que são centrais no livro *Realismo Capitalista*. No entanto, conforme já mencionado, a crítica ao realismo capitalista permeia toda a obra de Fisher, o qual, na medida em que foi avançando em sua produção, foi identificando outros pontos de fissura na ideologia do capitalismo tardio, sendo um deles correlato à cultura e sua temporalidade, consistindo na problemática que o teórico inglês denominou como "lento cancelamento do futuro", expressão que surge no livro *Ghosts of My Life*,[12] inspirada nas percepções de Franco "Bifo" Berardi, expostas na obra *Depois do Futuro*, lançada em 2011, mas que, de certo modo, Fisher já havia antecipado ao fazer uso da alegoria do filme *Filhos da Esperança*,[13] logo no início do livro *Realismo*

---

12. Trata-se da primeira parte do primeiro capítulo do livro *Ghosts of My Life*, o qual representa o ponto de virada na obra de Fisher, sendo, ao mesmo tempo, o último texto representativo de sua fase negativa, retratando de forma detalhada a dimensão cultural e de percepção temporal sob o jugo do realismo capitalista, sendo essa mais uma das "frestas no Real". No entanto, a segunda parte do capítulo marca o advento da terceira fase de Fisher, que é aquela da dialética positiva da hauntologia, tema que será objeto do terceiro capítulo deste livro.

13. Filhos da Esperança é um filme de 2006, dirigido por Alfonso Cuarón. Diferentemente de outras distopias, a película não retrata propriamente um outro mundo, sendo muito mais

Capitalista (2009), em que se destaca a melancólica atmosfera do filme, de expectativas deflacionárias, decorrentes de um apocalipse que chegava não de modo abrupto, mas sim lentamente, ligando tal percepção ao momento presente, de uma produção cultural cada vez menos inovadora.

Em *Ghosts of My Life*, Fisher retoma a temática, agora declaradamente inspirado em Berardi, fazendo uso inicial de uma outra alegoria, a série britânica de ficção científica do início dos anos 80, *Sapphire and Steel*, que apesar de pouco conhecida aqui no Brasil, foi muito popular no Reino Unido. O seriado tem por premissa uma espécie de agência governamental do tempo, da qual fazem parte o casal de investigadores, cujos nomes dão título à série, tendo eles por incumbência apurar e sanar perturbações do fluxo temporal.

Fisher se concentra justamente no último capítulo da série, no qual os personagens principais se encontram em uma parada de estrada, um *roadside cafe*, que acaba por se revelar na verdade como uma espécie de cápsula de tempo e espaço. Um outro casal, que estava sendo investigado por Sapphire e Steel, consegue fugir, antes alertando: "isso é lugar nenhum e é para sempre!". Steel abre a porta do estabelecimento para tentar fugir, mas agora a parada de estrada está à deriva no espaço. A série assim tragicamente termina, com os protagonistas aprisionados numa zona de não-espaço e de não-tempo (Fisher, 2014, p. 2-6). Segundo Fisher, essa seria a percepção da atmosfera cultural no século XXI, simultaneamente impregnada pela inércia e atemporalidade. Para melhor demonstrar suas conclusões, ele propõe a análise da cena pop britânica, que seria um dos campos culturais onde mais acentuadamente se verifica essa patologia temporal (2014, p. 7-11).

De acordo com Fisher, até aproximadamente a primeira metade dos anos 90, era possível identificar temporalmente

---

uma espécie de exagero, uma exacerbação do mundo atual e seu capitalismo tardio. A premissa é de que a humanidade perdeu a capacidade de se reproduzir. As mulheres, por algum motivo incerto, pararam de engravidar e assim a humanidade iniciou uma lenta caminhada para a extinção, com vários países entrando em colapso, grupos de resistentes praticando atentados terroristas e perseguição a refugiados.

determinado estilo musical, muitas vezes não apenas em termos de anos, mas até em meses. No entanto, o tempo foi ficando desconjuntado, com o passado se impondo sobre o futuro, constrangendo o presente, o qual se torna indefinido e ilusivo em termos de estética musical. Fisher apresenta alguns exemplos de modo a demonstrar tal assertiva. Um deles diz respeito à música *I Bet You Look Good on The Dancefloor* da banda Arctic Monkeys, lançada em 2005. A textura das guitarras e a sonoridade em geral é de fato bastante similar a muitas bandas da cena pós-punk britânica da virada dos anos 70 para os 80. No entanto, conforme bem observa Fisher, o videoclipe da banda foi feito de tal forma, que chega a simular o achado de algum arquivo perdido da BBC. Segundo Fisher o clipe foi aparentemente produzido com o intuito de simular a estética do antigo programa *The Old Grey Whistle Test*, copiando filtros de câmeras, iluminação, diagramação dos créditos, figurino e cenário:

> Quando vi pela primeira vez o vídeo do single de 2005 do Arctic Monkeys, "I Bet You Look Good on the Dancefloor", eu realmente acreditei que era algum artefato perdido por volta de 1980. Tudo no vídeo - a iluminação, os cortes de cabelo, as roupas - foram montados para dar a impressão de que se tratava de uma apresentação no "respeitável show de rock" da BBC2, "The Old Gray Whistle Test". Além disso, não houve discrepância entre a aparência e o som. Pelo menos para uma escuta casual, o clipe poderia facilmente ter sido feito por um grupo pós-punk do início dos anos 1980. Certamente, se alguém fizer o experimento mental que descrevi acima, será tranquilamente capaz de imaginar o clipe sendo transmitido no "The Old Gray Whistle Test" em 1980 (Fisher, 2014, p. 9-10, tradução nossa).

Seguindo essa linha de referência pós-punk, é possível lembrar diversos exemplos de bandas surgidas no início dos anos 2000, como Franz Ferdinand, Strokes e Jet, que desenvolveram texturas, arranjos e performance de palco muito próximas de bandas da cena pós-punk do início dos anos 80, como Gang of Four e The Jam, não se tratando propriamente de uma inspiração ou de referencial que seria até certo ponto inerente à produção cultural, mas sim de clara intencionalidade de reprodução da atmosfera de uma outra época, naquilo que Fredric Jameson denomina como "modo nostalgia" (Fisher, 2014, p. 10).

Outro exemplo que Fisher traz diz respeito a uma experiência pessoal envolvendo a música Valerie, original de 2006, da banda The Zutons, mas regravada por Amy Winehouse no ano seguinte. De fato, a versão do The Zutons já usava elementos referenciais dos anos 70 e 80, seguindo a mesma tendência das demais bandas acima mencionadas. Fisher ressalta que conhecia a versão dos Zutons, bem como estava familiarizado com a voz de Amy Winehouse, a qual acabara de lançar seu segundo álbum, *Back to Black*, com a faixa título despontando nas paradas musicais. No entanto, ao ouvir casualmente pela primeira vez Valerie na voz de Amy, deparando-se com os elementos de soul music e demais referenciais que remontavam aos anos 60, Fisher relata que houve em sua mente uma inversão de temporalidade, com a impressão de que a gravação dos Zutons não seria a original, mas sim a versão de uma música originalmente gravada nos anos 60 (2013, p.10-11). Portanto, a "nova" versão de Amy seria uma espécie de arcaísmo turbinado, porquanto feita a partir de uma música originalmente composta e produzida em uma estética nostálgica.

Esses exemplos são apenas casos mais patentes do "lento cancelamento do futuro". No entanto, considerando toda a produção musical do século XXI é muito difícil, ou talvez mesmo impossível, indicar qualquer música ou estilo musical surgido que não pudesse ter aparecido até o final do século XX. Diante desse quadro, Fisher espirituosamente sentencia que a atmosfera cultural do século XXI poderia ser definida simplesmente como a mesma do século XX, só que agora veiculada por internet de banda larga e em telas de alta definição:

> Há um estranho senso de repetição, um bloqueio do tempo cultural, um tempo que em muitos aspectos fica achatado, lento, chegando a retroceder em determinados instantes. Não

digo que, por exemplo, a Jungle Music seria um progresso em relação a Robert Johnson, não estou discutindo isso. O que sustento é a sensação de perda de uma diferença, de uma especificidade, de que uma cultura pertence a uma determinada época, e é isso que vem se perdendo no século XXI. Agora, há uma sensação de que nada realmente pode morrer e isso não é bom. Isso significa que estamos cercados por todos os lados por "formas zumbis", que persistem para sempre. Por meio de *revivals*, tudo pode voltar, há um excesso de tolerância para com o arcaico e parte do problema é que o senso de historicidade está desaparecendo, está decaindo, é difícil agora caracterizar qualquer coisa como arcaica. Afinal, o que significa nos dias de hoje dizer que algo é arcaico, em uma situação em que quase tudo parece velho (Fisher, 2014, tradução nossa[14]).

Fisher apresenta algumas explicações para a causa de tal atmosfera cultural. A primeira das teses concerne à concepção de Paul Virilio, daquilo que esse autor denomina "inércia polar". Trata-se de uma alusão ao cineasta Howard Hughes, o qual, durante anos, em seu quarto de hotel em Las Vegas, ficou assistindo repetidas vezes o filme *Ice Station Zebra* (*Estação Polar Zebra*, 1968). Virilio aduz que a "inércia polar" seria uma espécie de compensação ou contrapeso pela velocidade das comunicações e do excesso de estímulos, daí decorrendo um apego à repetição do que já se é conhecido. Ainda segundo Fisher, a "inércia polar" de Virilio também se coaduna com a ideia de Franco Berardi, de que a precarização da vida, a dissolução das redes de proteção social e o excesso de estímulos inerentes à comunicação digital culminaria em uma "deserotização" da cultura (Fisher, 2014, p. 13-15).

Ainda segundo Fisher, outra explicação para a crescente incapacidade da cultura em produzir o novo concerne à extraordinária força comodificadora do capital sob a égide do neoliberalismo. Cada vez mais é exigida a produção de bens culturais que

---

14. The Slow Cancellation of The Future, 21 de maio de 2014.

importem em sucesso imediato, estimulando uma crescente tendência de fomento de produções culturais que se assemelhem ao que já faz sucesso. Fora isso, o tempo social disponível foi fragmentado pela precarização do trabalho, vedando a muitos a imersão nos esforços de produção cultural.

No Brasil, tal fenômeno pode ser peculiarmente observado na virada dos anos 80 para os 90, período que marcou o fim da hegemonia do rock no cenário nacional, conforme lembra André Midani e Ricardo Alexandre:

> O interesse da indústria na descoberta do "novo" foi substituído por uma política imediatista e predadora. "Por essa época, as gravadoras multinacionais abriram seu capital para investimentos na bolsa de valores", lembra André Midani. "Os investidores pequenos e médios compram ações de companhias fonográficas porque acham bonito e simpático fazê-lo. Mas trata-se das economias das pessoas — e elas esperam obter lucros ao menos equivalentes aos que teriam investido na IBM ou numa companhia de petróleo. Nesse momento, houve uma supervalorização do lucro imediato. Quando os donos eram pessoas que viviam o dia a dia da gravadora, reinava uma visão um pouco mais liberal do lucro." A partir daí, o retorno imediato passou a ser gerado, basicamente, de duas formas: reinvestimento nos mesmos medalhões de sempre, de público fiel e rentabilidade certa, e ações corsárias sobre as ondas do momento (Alexandre, 2002, p. 373).

Fazendo referência a seu amigo e também crítico musical, Simon Reynolds, Fisher aduz que o desenvolvimento da internet, notadamente no que diz respeito a plataformas como o *YouTube*, consubstanciou uma enorme abertura para acesso imediato ao passado, o que pode ser feito por smartphones, a qualquer hora do dia. Essa enorme acessibilidade ao passado dificulta o surgimento do novo, tal como descreve Reynolds em seu livro *Retromania*:

Na era pré-internet, já havia muito mais informação e cultura do que qualquer pessoa poderia digerir. Mas a maior parte desses dados e questões culturais foram escondidos fora do nosso alcance diário, em bibliotecas, museus e galerias. Hoje em dia, os mecanismos de pesquisa eliminaram os atrasos envolvidos na busca pelas prateleiras escuras e labirínticas de uma biblioteca. Isso significa que a presença do passado em nossas vidas aumentou incomensuravelmente. Coisas antigas permeiam diretamente o presente ou se escondem logo abaixo da superfície da corrente, na forma de janelas na tela para outros tempos. Estamos tão acostumados com esse acesso conveniente que é uma luta lembrar que a vida nem sempre foi assim; que há relativamente pouco tempo, vivia-se a maior parte do tempo em um presente cultural, com o passado confinado a zonas específicas, preso em objetos e locais específicos (Reynolds, 2012, p. 56-57, tradução nossa).

Em *Ghosts of My Life*, Fisher não chega a um fechamento definitivo acerca das causas desse sintoma temporal, sendo também certo que, desde *Realismo Capitalista*, ele já trabalhava com a ideia de crise cultural e a percepção do lento cancelamento do futuro como uma das consequências da ideologia dominante no capitalismo tardio. Em posteriores conferências, ele passou a dar ênfase a hipóteses na mencionada linha defendida por Reynolds, isto é, de que o lento cancelamento do futuro foi potencializado na mesma medida em que as tecnologias digitais de comunicação se desenvolveram, ou seja, a lentidão da cultura seria inversamente proporcional ao desenvolvimento das novas tecnologias do ciberespaço.

2.3.4 Realismo capitalista e ciberespaço

Dando continuidade às suas reflexões acerca da temporalidade no realismo capitalista, Fisher lança mão de um conceito desenvolvido pela teórica estadunidense Jodi Dean. Trata-se daquilo que ela denominou como "capitalismo comunicativo", que consiste na dimensão digital do capitalismo, em que o uso da tecnologia possui um viés muito mais de controle social do que propriamente um caráter emancipatório. Um exemplo disso, que é bastante explorado por Fisher, concerne à disseminação dos *smartphones*, que propiciam uma quantidade enorme de informações, mas que, ao final, reproduzem as mesmas coisas, havendo, simultaneamente, um excesso quantitativo e uma escassez qualitativa de informações, que milita em sentido contrário ao das promessas emancipatórias dessas mesmas tecnologias, administrando e controlando o tempo livre através de aplicativos viciantes e pulsionais, operados através de circuitos de captura que, segundo Dean, operam nos seguintes termos:

> Os meios de comunicação contemporâneos capturam seus usuários em redes intensivas e extensas de diversão, produção e vigilância. O termo que adoto para essa formação é "capitalismo comunicativo". Assim como o capitalismo industrial dependia da exploração do trabalho, o capitalismo comunicativo depende da exploração da comunicação. Como argumentam Michael Hardt e Antonio Negri, "a comunicação é a forma de produção capitalista na qual o capital conseguiu submeter a sociedade total e globalmente ao seu regime, suprimindo todos os caminhos alternativos." Uma teoria crítica do capitalismo comunicativo deve, muito mais que negá-lo ou desestimulá-lo, defender a tomada desses espaços, ou seja, requer a ocupação desses espaços que capturam e moldam os sujeitos contemporâneos. Meu argumento é de que essa captura assume a forma que a filosofia europeia moderna proclamou como a forma de liberdade: a reflexividade. O capitalismo comunicativo é aquela forma econômico-ideológica em que a reflexividade captura a criatividade e a resistência para enriquecer uns poucos, ao mesmo tempo que apazigua e desvia muitos (Dean, 2010, p. 4, tradução nossa).

Esse apaziguamento, ainda segundo Dean, ocorre através de uma forma de alienação, estipulada pela engenharia digital de programas e aplicativos, que canaliza determinadas respostas, gerando, a partir dessas mesmas respostas, um excesso de informações, fazendo com que as pessoas fiquem perenemente envolvidas em temas e discussões banais, em uma espécie de falatório exacerbado:

> À medida que as ideias e imagens de recombinação múltipla circulam, elas estimulam e nos distraem dos antagonismos constitutivos da sociedade contemporânea, convidando-nos a pensar que cada opinião é igualmente válida, cada opção é igualmente provável e cada clique é uma intervenção política significativa. O dilúvio de imagens e anúncios, que nos impele a reagir, a sentir, a encaminhá-los aos nossos amigos, corrói as capacidades teórico-críticas – Afinal, não são mesmo apenas opiniões? Sentimentos fantasiados de jargão? Afogando-nos na pluralidade, perdemos a capacidade de apreender qualquer coisa como um sistema. Reaja e avance, mas não pense de forma alguma (Dean, 2010, p. 2-3, tradução nossa).

Por seu turno, a partir dessas concepções de Dean, Fisher estabelece que essa inibição não ocorre propriamente em termos de lentidão versus velocidade, mas sim nos moldes de consistência versus fragmentação. Portanto, o ciberespaço deixou de atender ao anseio de formar verdadeiras redes, potencializadoras das capacidades humanas, tornando-se mais um elemento pulverizador de uma sociabilidade já fragmentada, o que é o oposto da produção de uma "consistência". Desse modo, conforme o teórico inglês, nossa atenção é desviada o tempo todo pelas tecnologias de informática, havendo uma fragmentação, que, no nível do coletivo, da massa, constitui uma espécie de impasse ou bloqueio, fazendo com que o presente seja vivido como *déjà vu*.

Desse modo, para além da esfera cultural repetitiva já descrita quanto ao "lento cancelamento do futuro", esse agora é interditado no nível da concretude das ações pelos próprios dados que fornecemos em nossos telefones celulares. Afinal, em questão de microssegundos e diante de um simples clique em um aplicativo, por exemplo no link de um determinado vídeo, já surgem novas sugestões ou interpelações que nos direcionam para conteúdos mapeados conforme tendências identificadas pelos algoritmos, fazendo com que o futuro seja capturado no presente.

Fisher também lembra que o ciberespaço realmente existente é o ciberespaço capitalista, sendo assim constrangido e moldado pelas formas sociais derivadas do capital. Portanto, para além de um instrumento de controle social, as tecnologias digitais do capitalismo comunicativo também se prestam como mais um elemento na exploração do trabalho, potencializando a flexibilização e a precarização típicas da era neoliberal, forçando a dissolução das fronteiras entre horário de trabalho e tempo livre, situação que se agudizou nos tempos atuais de pandemia, nos quais o isolamento social impulsionou o trabalho em *home office*. Dentre os textos em que Fisher desenvolve as concepções de Dean e expõe o caráter opressor das novas tecnologias, é possível trazer o artigo *Aesthetic Poverty* (Pobreza Estética), publicado em setembro de 2011 no site *Visual Artists' News Sheet*:

> No que a teórica Jodi Dean chamou de "capitalismo comunicativo", um smartphone não pode mais ser concebido como um mero "item de luxo". O capitalismo comunicativo não trata da produção de objetos materiais, mas da circulação incessante de mensagens. O "conteúdo" nessa cultura vem dos próprios usuários; portanto, pagar por uma interface na matriz comunicativa é um ato muito mais próximo ao de pagar pelas próprias ferramentas de trabalho do que como adquirir um bem de luxo. A própria distinção entre trabalho e não trabalho, entre entretenimento e trabalho, se desgasta. Não há horário de expediente sem cronometragem. Além de garantir que estejamos sempre conectados à matriz comunicativa, os smartphones são dispositivos de *tethering*, que permitem aos empregadores acionar os trabalhadores temporários para o trabalho a qualquer momento (Fisher, 2018, p. 504, tradução nossa).

Ainda na crítica do ciberespaço do realismo capitalista, Fisher abre outra frente de denúncia, que vai além do aspecto diretamente exploratório e de controle, apontando que a velocidade comunicacional acaba por comprometer o bom uso de tecnologias que, intrinsecamente, poderiam ser consideradas positivas, mas que pelo excesso de estímulos e pelas exigências de multitarefas acabam por comprometer atividades que deveriam ser agradáveis. Nessa linha teórica, Fisher lança mão do trabalho de outra pensadora, Sherry Turkle, a qual apresenta o seguinte exemplo desse desvirtuamento:

Há alguns anos, em um jantar em Paris, conheci Ellen, uma jovem elegante e ambiciosa de trinta e poucos anos, emocionada por trabalhar em seu emprego dos sonhos em publicidade. Uma vez por semana, ela ligava para sua avó na Filadélfia usando o *Skype*, um serviço de internet que funciona como um telefone com uma câmera web. Antes do *Skype*, as ligações de Ellen para sua avó eram caras e breves. Com o *Skype*, as chamadas passaram a ser gratuitas, dando convincente sensação de presença da outra pessoa [...] Ellen agora podia ligar com mais frequência: "Duas vezes por semana e fico ao telefone por uma hora", ela me disse. Deveria ser gratificante; em vez disso, quando a conheci, Ellen estava infeliz. Ela estava ciente de que sua avó não sabia que o *Skype* permite multitarefas clandestinas. Sua avó podia ver o rosto de Ellen na tela, mas não suas mãos. Ellen admitiu para mim: "Eu cuido do meu e-mail durante as ligações. Não estou prestando atenção à nossa conversa". A multitarefa de Ellen a levou para outro lugar. Ela sentiu que sua avó estava conversando com alguém que não estava realmente ali. Durante as conversas no *Skype*, Ellen e sua avó estavam mais conectadas do que nunca, mas, ao mesmo tempo, cada uma estava sozinha. Ellen se sentiu culpada e confusa: ela sabia que sua avó estava feliz, mesmo que a intimidade delas fosse agora, para Ellen, mais uma tarefa entre as multitarefas (Turkle, 2017, p. 13, tradução nossa).

Esse exemplo é extremamente atual, principalmente em tempos de isolamento social pandêmico, com excesso de videoconferências e de ensino à distância, em que, muitas vezes, as pessoas nem se dão ao cuidado de deixar suas câmeras ligadas, relegando o interlocutor ao estado de abandono em observar simples avatares ou fotografias de perfil.

Outro aspecto do capitalismo comunicativo concerne à captura da subjetividade por meio de artifícios pulsionais, que estimulam comportamentos compulsivos, o que aproxima a crítica do capitalismo comunicativo à da saúde mental. Nesse sentido, diz Fisher, em outro artigo de referência, *The Privatisation of Stress*, publicado no site *Soundings* em 2011, novamente desenvolvendo as reflexões de Dean e Turkle:

> A compulsão comunicativa digital constitui uma forma de captura pela pulsão (freudiana/lacaniana): os indivíduos estão presos em loops repetidos, cientes de que sua atividade é inútil, mas, no entanto, incapazes de desistir. A circulação incessante da comunicação digital está além do princípio do prazer: a necessidade insaciável de verificar mensagens, e-mails ou *Facebook* é uma compulsão, semelhante a coçar uma coceira que piora quanto mais se coça. Como todas as compulsões, esse comportamento se alimenta de insatisfação. Se não houver mensagens, você se sentirá desapontado e verificará novamente muito rapidamente. Mas, se houver mensagens, você também ficará desapontado. Afinal, nenhuma quantidade de mensagens é suficiente. Sherry Turkle conversou com pessoas que não conseguem resistir ao impulso de enviar e receber mensagens de texto em seus telefones celulares, mesmo quando estão dirigindo. Correndo o risco de um trocadilho forçado, este é um exemplo perfeito da pulsão de morte, que se define pelo desejo de morrer, mas por estar nas garras de uma compulsão tão poderosa que

torna a pessoa indiferente à morte. O que é notável aqui é o conteúdo banal da atividade. Esta não é a tragédia de algo como em *The Red Shoes*, em que a bailarina é morta pelo sublime êxtase da dança: são pessoas que estão dispostas a arriscar a morte para que possam abrir uma mensagem de 140 caracteres que sabem perfeitamente que, muito provavelmente, se trata de algo fútil (Fisher, 2018, p. 466, g.n.).

Portanto, ainda conforme Fisher, as tecnologias do capitalismo comunicativo funcionam como mecanismos compulsivos, sendo o exemplo mais flagrante o *smartphone*, a partir do qual as pessoas ficam conectadas o dia todo, com a captura de sua atenção e libido, resultando no enfraquecimento e extinção de outros hábitos culturais e sociais, sendo muito sintomática a inversão do modo como as pessoas passaram a se conectar ao meio digital. Afinal, nos primeiros anos da internet, até o advento dos *smartphones*, o ato de conexão pressupunha uma conduta minimamente refletida, uma efetiva opção em seu conectar. Atualmente, se trata de um ato automático, inercial e constante, sendo que a não conexão, além de não ser automática, demanda um esforço volitivo de "desintoxicação digital".

Em síntese, na crítica fisheriana, a saúde mental, a burocracia, a lentificação da produção cultural e o ciberespaço, consubstanciam os pontos frágeis do discurso do realismo capitalista, os quais podem ser explorados por meio das chamadas "frestas no Real". Contudo, para além dessas frestas, o realismo capitalista também é assombrado por determinadas forças emancipatórias, espectros dos quais Fisher irá tratar na parte positiva de sua obra, que é o da hauntologia e do comunismo ácido.

HAUNTOLOGIA

O eixo negativo ou crítico da obra de Fisher, correspondente ao realismo capitalista e seus desdobramentos mais imediatos, constitui a parte mais notória da produção do teórico inglês. Já o eixo positivo não é tão conhecido, principalmente no Brasil, o que se deve não apenas ao fato de ser uma linha de reflexão ainda mais fragmentada que a do realismo capitalista, como também pelas especificidades culturais que Fisher costura em sua filosofia, muitas delas acentuadamente concernentes à cena britânica. Porém, feitas essas ressalvas, essa parte positiva da obra de Fisher pode ser sintetizada como sendo a da hauntologia.[1]

---

1. Recentemente, na tradução de *Ghosts of My Life*, feita para a edição brasileira, o termo hauntologia foi traduzido como assombrologia. No entanto, aqui se prefere hauntologia, tendo em vista sua maior precisão, pois assombrologia transmite a ideia de que está se tratando da condição de ser simplesmente "assombrado por algo", enquanto, na realidade, o sentido mais acurado é aquele que transmite a ideia de ser "constituído por algo". Fora isso, nas edições argentina e italiana de *Ghosts of My Life* houve o uso da palavra hauntologia, com idêntica grafia ao português, o que é um elemento facilitador da pesquisa. Ainda nessa linha, cabe destacar que diversos autores no Brasil também adotam a expressão hauntologia. Por exemplo, Carla Rodrigues, em seu livro *O Luto entre Clínica e Política*, adota expressamente hauntologia, justificando sua opção com muita propriedade nos seguintes termos: "O recurso a Fisher é movido pela assombração de escrever sobre fantasmas, ou, mais especificamente, de escrever sobre hantologie, dificuldade que começa com um problema de tradução. Com o neologismo, Derrida está, entre outras tantas coisas, chamando a atenção para o caráter espectral e fantasmagórico da ontologia, assombrando o ser com o não ser. A homofonia, em francês, entre "ontologie" e "hantologie" é impossível de ser reproduzida em português. Embora, em inglês, não haja homofonia perfeita entre "hauntology" e "ontology", Fisher se vale da existência da palavra "haunt" (assombrar) como sinônimo do francês "hante", usado por Derrida. Quando traduziu Spectres de Marx, Anamaria Skinner optou por "obsidiologia", escolha que, mesmo sendo fiel a um dos sentidos propostos pelo autor francês, não me sinto à vontade para usar, na medida em que me levaria a perder o que para mim é mais caro no debate, a referência crítica à ontologia. Há outras tentativas de tradução, como "espectrologia" ou "assombrologia", e nenhuma me pareceu funcionar do mesmo modo que "hantologie"/"hauntology", significantes operados por Derrida e Fisher. Quando descobri que Fernando Bruno, tradutor de Fisher para o espanhol, usa "hauntología" – seguindo, a meu ver, a ideia de que, em se tratando de um neologismo no idioma em que foi proposto, pode permanecer como tal no idioma de tradução –, decidi correr o risco de usar "hauntologia" e seus derivados, como "hauntológica/o", fazendo uma analogia com a tradução da edição argentina (Fisher, 2018) e mantendo a estranheza do termo, sustentando esta reflexão, portanto, numa assombração" (Rodrigues, 2021, p. 59-60).

Trata-se de um conceito complexo, polissêmico e que será adiante melhor analisado, cabendo aqui apenas antecipar a ideia de que, originalmente, a hauntologia se refere a uma "ontologia espectral", ou seja, àquilo que é próprio do espectral ou por ele é constituído. O termo foi cunhado, no início dos anos 1990, pelo pensador franco-argelino Jacques Derrida, mas com o tempo foi sendo apropriado pelo universo da crítica musical, para designar um certo estilo ou estética sonora.

Já em Fisher, notadamente em sua primeira fase, esse significado da crítica musical é muito presente. Porém, na medida em que ele evolui em suas reflexões, o conceito ganha maior dimensão política, com muitos pontos de contato com as acepções em Derrida, mas com outras muito próprias e específicas de Fisher. Porém, antes de avançar propriamente na hauntologia, afigura-se necessário explorar um outro conceito que, além de seminal em relação a ela, também permeia toda obra de Fisher. Trata-se da expressão "*das Unheimliche*" (o infamiliar), originária do ensaio homônimo de Freud.

3.1 DAS UNHEIMLICHE – O INFAMILIAR

Tanto em Derrida, quanto em Fisher, *das Unheimliche* ou "o infamiliar" é comumente articulado com os múltiplos significados da hauntologia. Essa íntima relação entre os conceitos foi bem apreendida por Carla Rodrigues, segundo a qual:

> Quando propõe trabalhar em torno da ideia de "hauntology", Fisher recupera o caráter *unheimliche* do termo "haunt" em inglês. Hauntologia como aquilo que é infamiliar (Freud, 2019) – aqui me valendo da recente tradução proposta por Ernani Chaves e Pedro Heliodoro Tavares – me interessa na medida em que minha proposta parte da estranheza de uma temporalidade que recusa a cronologia passado-presente-futuro. Talvez não haja mesmo nada mais infamiliar do que nossos fantasmas, próximos e distantes demais ao mesmo tempo (Rodrigues, 2021, p. 60).

Nesse ponto, cabe uma preliminar diferenciação entre o infamiliar e a hauntologia, ainda que em caráter provisório, no sentido de que a ideia de infamiliar está mais ligada a um efeito, sentimento ou sensação, ao passo que a hauntologia concerne à própria constituição estrutural em ser assombrado por algo, com o infamiliar podendo surgir como efeito. Portanto, é possível perceber uma certa relação de causalidade entre a hauntologia e o infamiliar. De qualquer modo, todas essas colocações recomendam um maior aprofundamento no conceito de infamiliar, cuja compreensão poderá iluminar não apenas os sentidos da hauntologia, como também a relação dela com o realismo capitalista e, em termos gerais, a obra de Fisher.

"Das Unheimliche" é uma expressão notabilizada por Sigmund Freud, em seu ensaio homônimo de 1919. *"Heimlich"* é uma partícula que indica "segredo", remetendo à ideia daquilo que deveria ficar em segredo. Porém, ela tem como prefixo o substantivo *"heim"*, que por sua vez designa "lar", induzindo uma percepção inicial da qualidade de algo que é familiar. Já o prefixo *"un"* corresponde à noção de negação. Portanto, em termos literais, a expressão poderia ser entendida como "não-familiar-secreto" ou mais simplesmente como "não-familiar".

Porém, não obstante essa razoável possibilidade de tradução literal, *"das Unheimliche"* (assim como o termo hauntologia) acaba por ensejar distintas traduções, tais como "o estranho", "o inquietante", "o sinistro", "o estranho familiar", "a inquietante estranheza", resultando em uma impossibilidade de exata tradução, no sentido de sempre remanescer a sensação de algum significado que a ela escapa. No entanto, em meio às múltiplas possibilidades, reputamos muito adequada a acima referida tradução do livro homônimo de Freud realizada por Ernani Chaves e Pedro Heliodoro Tavares, os quais lançaram mão do termo "o infamiliar":

> Apesar de ser um aparente neologismo, "infamiliar" é a palavra em português que melhor expressa, tanto do ponto de vista semântico quanto do morfológico, o que está em jogo na palavra-conceito Unheimliche em seus usos por

Freud. Não porque "infamiliar" expresse o "mesmo" conteúdo semântico do original alemão ou porque se situe numa rede conceitual "equivalente", mas justamente pela razão inversa. O "infamiliar" mostra que o muro entre as línguas não é intransponível, mas também que a passagem de uma língua a outra exige um certo forçamento. O "infamiliar" não é, nesse sentido, resultado da fidelidade à língua de partida, mas o vir à tona da infidelidade que tornou possível a transposição do hiato entre as línguas. É uma marca visível da impossibilidade da tradução perfeita. Assim, não deixa de ser também uma "intradução", que, em vez de esconder o problema da inevitável equivocidade da tradução, o faz vir à tona (Chaves e Heliodoro, 2019, p. 9).

Porém, para muito além de uma simples barreira linguística, a dificuldade de tradução decorre da própria complexidade do fenômeno psíquico, pois há diversas modulações de efeitos psicológicos que podem ser enquadrados como negação daquilo que é familiar, podendo a oposição ocorrer em relação a diversos outros elementos, tais como o estrangeiro, o macabro, o inquietante, o espectral, o grotesco, o inanimado, dentre tantos outros. Portanto, conforme observa Christian Dunker, a tradução "infamiliar", ao invés de aspirar a um conceito fechado e exauriente, traduz justamente essa dupla impossibilidade, que é tanto semântica, quanto propriamente conceitual, apresentando uma plasticidade que acolhe a própria impossibilidade de definição e, ao mesmo tempo, permite que a oposição em relação ao familiar seja tratada de maneira pontual e, simultaneamente, não fixa, incluindo uma indeterminabilidade de gênero. Assim, diz Dunker:

> A escolha feita por Pedro Heliodoro Tavares e Ernani Chaves de se manter na tradução mais literal possível, ou seja, "in-", prefixo de negação, para un- em alemão, e "familiar" como heimlich em alemão, respeita a dupla indeterminação, de sentido e de conceito, que constitui a base e a fórmula expressiva do ensaio. Unheimliche nos remete a uma

experiência linguística, antropológica e talvez ontológica de indeterminação. Em vez de forçar a comensurabilidade semântica do termo, como se fez nas traduções inglesa (uncanny), espanhola (ominoso) ou nas traduções brasileiras anteriores (estranho/inquietante), desta vez se optou por manter o problema. Se as soluções anteriores sempre pediam por um esclarecimento complementar e corretivo, como em "estranheza inquietante", essa nova decisão tradutória deixa o problema às claras ainda que ao preço de um neologismo. Com isso somos levados a reconhecer, de saída, que há diferentes maneiras de negar a familiaridade e que essa dificuldade faz parte do conceito examinado. Outro ganho dessa decisão consiste em nos aproximar do gênero neutro da palavra Unheimliche. Lembremos que em alemão palavras terminadas em -e, em geral, referem-se a substantivos femininos. Contudo, das Unheimliche é uma palavra que não é nem masculina nem feminina, mas neutra. Vale lembrar do artigo das, cujo pronome correlato é o es, que em algumas traduções brasileiras de Freud fixaram-se com a forma latina do "Id". O substantivo "infamiliar" é masculino, mas o adjetivo "infamiliaridade" é feminino (Dunker, 2019, p. 200-201).

Com relação ao ensaio propriamente dito, Freud inicia sua análise a partir do campo da estética, reputando-o como um domínio negligenciado, que trata de "sentimentos belos, grandiosos, atraentes, ou seja, dos sentimentos positivos, de suas condições e dos objetos que eles evocam, em vez dos contraditórios, repugnantes, penosos" (Freud, 2019, p. 31), sendo esses objetos aqueles capazes de gerar sensações de inquietação, estranhamento ou mesmo repulsa, ou seja, gatilhos da sensação do infamiliar. Em seguida, Freud lança mão de mais um grau de especificidade, estabelecendo um sentido de recalcamento, aduzindo que "infamiliar seria tudo o que deveria permanecer em segredo, oculto, mas que veio à tona" (2019, p. 45). Essa definição é extremamente importante para o pensamento fisheriano, eis que, transbordando o conceito da psicanálise para a política, é possível, em alguma medida, aproximá-lo da concepção de ideologia, a qual, como já visto, dentre seus diversos sentidos, pode também concernir ao ocultamento das verdadeiras estruturas que pautam a exploração econômica e a dominação política.

Voltando ao ensaio freudiano, o conceito de infamiliar vai sendo desdobrado e desenvolvido na medida em que Freud avança na interpretação do conto *O Homem da Areia* (*Der Sandmann*) de E.T.A. Hoffmann, o qual lhe serve de fio condutor. O conto, originalmente publicado em 1817, trata da história de Natanael, que, quando criança, era amedrontado com as histórias do Homem de Areia, o qual, segundo a babá de sua irmã mais nova, seria "um homem mau que se aproxima das crianças quando elas não querem ir para a cama, e lança uns punhados de areia nos olhos delas, e assim seus olhos saltam da cabeça, ensanguentados" (2019, p. 223).

A lenda do Homem da Areia irá acompanhar Natanael em uma série de experiências do infamiliar, que ora se apresenta em pessoas, ora em objetos, passando por inquietações e angústias, por vezes de caráter difuso e outras vezes de origem mais específica. Além disso, também há a questão do terror, bem como uma oscilação entre o algo familiar que causa a estranheza e, em outro momento, o algo estranho que enseja uma familiaridade, havendo situações em que a mesma pessoa e o mesmo objeto apresentam, de modo oscilante, esse ou aquele aspecto de infamiliaridade.

Essa dificuldade de constrição do conceito é muito bem exposta por Christian Dunker, ao identificar, apenas na leitura de Freud sobre *O Homem da Areia*, quatro grupos de infamiliaridade. O primeiro resultante da negação da mortalidade ou da finitude, como no caso de certo personagem que, após ser dado como morto, surge na forma de outra pessoa. Já o segundo grupo concerne à oposição entre o animado e o inanimado, que ocorre no conto, por exemplo, na figura de uma moça, de nome Olímpia, que, em certo momento, é apresentada como um autômato, uma espécie de boneca mecânica. Ainda conforme a classificação de

Dunker, o terceiro grupo de infamiliaridade é o da violação do pacto entre fantasia e realidade e, finalmente, o quarto grupo que é o da incerteza da natureza do objeto, como na percepção de características de uma pessoa que não seriam originalmente dela, mas pertenceriam a outra.

No entanto, o infamiliar tende a extrapolar tais grupos, muitas vezes sobrepondo-os e dissolvendo a distinção entre eles. Assim, por exemplo, a própria passagem referente à moça que é transmutada ou revelada como ser autômato pode ser de certo modo tipificada em qualquer um desses grupos, encarnando, simultaneamente, as oposições mortalidade/imortalidade, animado/inanimado, realidade/fantasia e incerteza da natureza do objeto. Para além disso, as mesmas circunstâncias, pessoas ou objetos infamiliares podem gerar sentimentos ora positivos, ora negativos e, por vezes, simultaneamente, contraditórios.

Note-se que o próprio Homem da Areia, que, em regra, gera um infamiliar de estranhamento, medo e horror, também pode ensejar sentimentos positivos, tais como aqueles expressados pelo próprio protagonista do conto de Hoffmann, ao dizer que o Homem da Areia poderia conduzi-lo "à senda do maravilhoso, do aventuroso, que por si só já se aninha facilmente no ânimo infantil" (Hoffmann, 2020, p. 224).

Desse modo, o infamiliar traz em seu bojo uma característica ilusiva, de resistência a definições e de permanência de uma zona de instabilidade, o que abre um grande leque de aplicações teóricas e artísticas do conceito, sendo que, no campo psicanalítico, Freud inicialmente o tratou no âmbito das questões da neurose, do narcisismo e da castração, posteriormente evoluindo para a problemática das pulsões, conforme explica Dunker:

> O texto se encerra com o reconhecimento desse elemento obscuro, a fonte e raiz que liga o infamiliar à repetição de experiências e à busca dessas mesmas experiências. Um trabalho de negação criativa que antecipa a formulação da pulsão de morte no ano seguinte e que se expressa aqui pelo reconhecimento de fontes que não são nem totemistas nem animistas para a angústia [...]. Abre-se aqui o espaço

para um tipo de angústia que não responde à gramática do retorno (Wiederkehr), seja ele totêmico ou animista, mas corresponde ao caso maior e mais fundamental da repetição (Wiederholung). Por isso seria preciso acrescentar aos fenômenos que justificam a introdução do conceito de pulsão de morte em psicanálise, além da repetição traumática e da reação terapêutica negativa, a infamiliaridade. Fusão e desfusão das pulsões de vida e da pulsão de morte, problema central de *Além do princípio do Prazer*, aparecem, assim, como casos combinados da lógica da indeterminação que Freud descreveu para o Unheimliche (DUNKER, 2019, p. 164-165).

Porém, tais caminhos ou linhas de possibilidade do infamiliar vão muito além dos limites deste tópico, o qual tem por objetivo introduzir esse importante conceito que emerge em distintos pontos da obra de Fisher, cuja compreensão pode ajudar a iluminar não somente a análise da hauntologia, como também toda a produção fisheriana.

3.1.1 O infamiliar em Fisher

A questão do infamiliar está presente em toda a obra de Fisher, mas aparece de modo mais evidente em sua tese de doutorado, defendida em 1999, na Universidade de Warwick e posteriormente materializada em livro: *Flatline Constructs: Gothic Materialism and Cybernetic Theory-Fiction*, bem como em *Ghosts Of My Life – Writings on Depression, Hauntology and Lost Futures* (2014) e *The Weird and The Eerie* (2017).

Contrariando o que colocamos acerca do infamiliar em Freud, no sentido de que o conceito importa em uma indeterminabilidade decorrente de sua própria estrutura ilusiva, Fisher força caminho no campo do infamiliar e, em meio a essa instabilidade conceitual, tenta mapear e criar outras expressões e sentidos mais específicos. A justificativa de Fisher para tal prática diz respeito aos limites e fundamentos conceituais que Freud fixou em seu ensaio, os quais, para o teórico inglês, seriam "decepcionantes"

(2016, p. 09), pois restringiriam as percepções de infamiliar como simples decorrências do medo da castração, transmitindo a ideia de uma sistemática patologização, que acaba por indevidamente restringir o fenômeno em termos estritamente psicanalíticos, como quem tenta artificialmente inflar seu campo de estudo, razão pela qual, no ensaio *O Infamiliar*, Freud poderia ser tido como um "narrador não confiável":

> Todas as ambivalências da psicanálise de Freud são apanhadas neste conceito. Trata-se de tornar o familiar – e o familial – ao estranho? Ou trata-se de devolver o estranho ao familiar ou familial? Aqui podemos apreciar o duplo movimento inerente à psicanálise freudiana: em primeiro lugar, há o estranhamento de muitas das noções comuns sobre a família; mas isso é acompanhado por um movimento compensatório, por meio do qual o exterior se torna legível em termos de um drama familiar modernista. A própria psicanálise é um gênero de infamiliar; é assombrada por um lado externo que circula, mas nunca pode reconhecer ou afirmar totalmente. Muitos comentaristas reconheceram que o ensaio sobre o próprio infamiliar se assemelha a um conto, com Freud no papel do narrador não confiável tal como descrito por Fredric Jameson. Se Freud é um narrador não confiável, por que devemos aceitar que seu próprio conto deva ser classificado em termos da categoria que seu ensaio propõe? E se, em vez disso, todo o drama do ensaio consistisse nas tentativas de Freud de continuamente conter os fenômenos que ele explora dentro da categoria do infamiliar? (Fisher, 2017, p. 10, tradução nossa).

É também por conta dessa desconfiança em relação a Freud que Fisher irá resistir à tentação de enquadrar diversos fenômenos como simples variações de infamiliar, desenvolvendo outros conceitos mais específicos, inclusive para além da psicanálise, abrangendo mais diretamente a literatura, o cinema, a música e as artes em geral, defluindo distintos termos, mas com todos eles compartilhando uma genealogia comum originária no infamiliar. Em suma, é a partir de uma percepção de insuficiência ou imprecisão do infamiliar, que Fisher buscará desenvolver muitos de seus conceitos.

Exemplo disso pode ser extraído já na produção inicial de Fisher, de sua tese de doutorado, em que o teórico aproxima a estética cyberpunk daquilo que denomina de "materialismo gótico", ou seja, o gótico destituído do sobrenatural, configurado pela dissolução da fronteira entre os organismos biológicos e suas extensões não orgânicas, constituindo o que o autor define como "contínuo não orgânico", remetendo a um dos sentidos do infamiliar, decorrente da oposição entre o animado e o inanimado ou entre o vivo e o morto. Diz Fisher sobre o materialismo gótico:

> O desvendar das implicações da cibernética nos leva à linha plana gótica, a qual designa uma zona de imanência radical. Para teorizar esta linha plana, exige-se uma nova abordagem, comprometida com a teorização de imanência. Esta tese chama essa prática de "materialismo gótico". A união do gótico com o materialismo representa um desafio para a forma como o gótico foi pensado. É uma tentativa deliberada de dissociar o gótico de tudo que é etéreo ou sobrenatural [...] Deleuze e Guattari identificam o gótico com "vida não orgânica", e embora esta seja uma intuição, teremos motivos para afirmar que o materialismo gótico, tal como é apresentado aqui, estará fundamentalmente preocupado com um plano que atravessa a distinção entre vivo e o não vivo, animado e inanimado. É esse o "contínuo anorgânico", que é o território do gótico (Fisher, 1999, p. 7-8 ou 2018, p. 02, tradução nossa).

Apesar de *Flatline Constructs* ser uma obra com viés declaradamente mais ligado à crítica cultural, em uma fase não propriamente crítica de Fisher, em que o marxismo ocupava um papel coadjuvante em sua teoria, na qual não se apresentava, ao menos não claramente, um horizonte pós-capitalista, cabe aqui pontuar algumas passagens muito vinculadas à crítica da economia política marxiana, em que o materialismo gótico atua como chave de leitura de Marx.

Nesse ponto, é possível mencionar a alegoria do movimento de valorização do valor como "sujeito autômato" (lembrando que a concepção de animação do inanimado em uma das dimensões do infamiliar) ou ainda a relação da reprodução capitalista com a figura do "vampiro", na medida em que o capital, constituído por trabalho morto, tem que absorver trabalho vivo, do qual precisa cada vez mais se alimentar para continuar a existir. Diz Marx, em *O Capital*:

> O capital tem um único impulso vital, o impulso de se autovalorizar, de criar mais-valor, de absorver, com sua parte constante, que são os meios de produção, a maior quantidade possível de mais-trabalho. O capital é trabalho morto, que, como um vampiro, vive apenas da sucção de trabalho vivo, e vive tanto mais quanto mais trabalho vivo suga. O tempo durante o qual o trabalhador trabalha é o tempo durante o qual o capitalista consome a força de trabalho que comprou do trabalhador (Marx, 2017a, p. 307).

Na mesma linha, alegorias e referências góticas também já haviam sido previamente articuladas por Marx nos manuscritos econômicos conhecidos como *Grundrisse*:

> Assimilado ao processo de produção do capital, o meio de trabalho passa por diversas metamorfoses, das quais a última é a máquina ou, melhor dizendo, um sistema automático da maquinaria [...] posto em movimento por um autômato, por uma força motriz que se movimenta por si mesma; tal autômato consistindo em numerosos órgãos mecânicos e intelectuais, de modo que os próprios trabalhadores são definidos somente como membros conscientes dele (Marx, 2011, p. 580).

Regredindo um pouco mais nas obras marxianas, referências góticas também se fazem presentes no *Manifesto Comunista*, no qual Marx e Engels, em alusão ao *Aprendiz de Feiticeiro* de Goethe, afirmam que a "sociedade burguesa, com suas relações de produção e troca, o regime burguês de propriedade, a sociedade burguesa moderna, que conjurou gigantescos meios de produção e de troca, assemelha-se ao feiticeiro que já não pode controlar os poderes infernais que invocou" (2010, p. 45).

Portanto, muito da percepção de Fisher em entender o materialismo gótico como a forma artística que melhor representaria a ambiência cultural do capitalismo tem ressonância na obra marxiana, podendo ser usada essa articulação como ferramenta de visualização do movimento de complexas estruturas, inclusive da própria valorização do valor, o que Fisher tornaria a fazer em sua obra de referência, *Realismo Capitalista*, na qual o teórico retoma a perspectiva gótica do capital, aduzindo que: "a descrição mais gótica do capital é também a mais precisa. O capital é um parasita, um vampiro insaciável, uma epidemia zumbi; mas a carne viva que ele transforma em trabalho morto é a nossa, os zumbis que ele produz somos nós" (2020, p. 28-29).

Por tudo isso, é possível verificar a presença do infamiliar, de suas variações e extrapolações, em distintos momentos da produção fisheriana. No entanto, é em seu último livro efetivamente concluído, que Fisher daria declarado protagonismo ao tema.

3.1.2 *The Weird and The Eerie*

Para além do materialismo gótico, outra tentativa de Fisher em extrapolar o conceito freudiano de infamiliar foi implementada por meio dos conceitos de *"the weird"* (o estranho) e o *"the eerie"* (o inquietante),[2] articulados em diversos textos de crítica cultural,

---

2. A opção pela não tradução das expressões tem ligação com a própria insuficiência delas em designar os conceitos propostos por Fisher. Além disso, as expressões podem ser tidas como sinônimos. A manutenção das expressões em inglês acaba por, simultaneamente, indicar claramente tais insuficiências e impossibilidades, bem como transmite na leitura a ideia de especificidade em relação ao que está sendo tratado. No entanto, o "weird" e "eerie" também costumam aparecer traduzidos, respectivamente, como "estranho" e "esquisito" ou "estranho" e "inquietante".

notadamente filmes, livros e contos, que integram a obra homônima *The Weird and The Eerie* (2017), que foi o último livro acabado por Fisher, cuja introdução tem o sugestivo subtítulo *"Para Além do Infamiliar"* (2016, p. 8).

Grosso modo, o *weird* diz respeito a algo intrinsecamente deslocado da realidade, àquilo que é diferente e que, por si só, causa estranhamento, independentemente do contexto ou circunstância na qual está inserido, como, por exemplo, figuras grotescas ou extraordinárias, transmitindo de per si a ideia de que algo está errado, fora da normalidade ou de que aquilo nem sequer deveria existir. Fisher também explica que o *weird* não é algo simplesmente sobrenatural, como um vampiro ou lobisomem, pois tais criaturas recombinam elementos do mundo natural. Assim, ainda conforme Fisher, determinados eventos cósmicos, como um buraco negro, apresentariam uma carga de "estranheza" muito maior que a de um vampiro. Em termos ficcionais, Fisher aponta a obra de H.P. Lovecraft como paradigmática do uso do *weird*.

Talvez a palavra-chave seja "egresso", indicativa de algo que veio ou retornou de outro mundo, mas que traz consigo alguma coisa daquela exterioridade,[3] tal como se faz presente em Lovecraft, cujos personagens e ambientes possuem esse sentido de exterioridade, sendo egressos de um mundo exterior, tratando-se mais de um hiper-realismo do que propriamente de uma fantasia. Afinal, prossegue Fisher, fantasia seria um termo muito amplo, que pode abranger boa parte da ficção científica e do horror, não definindo o que é único no método de Lovecraft, o qual se distingue na literatura fantástica.

Para ressaltar a distinção, Fisher faz o cotejamento da obra de Lovecraft com a de J. R. R. Tolkien, que é também uma referência como escritor de fantasia, em que as histórias se passam em um mundo totalmente diferente do nosso, como o caso da Terra Média, pano de fundo de *O Senhor dos Anéis* e de *O Hobbit*.

---

3. Na linha do horror cósmico de Lovecraft, um bom exemplo de "egresso" ocorre na produção hollywoodiana *Enigma do Horizonte* (*Event Horizon* – 1997), em que uma nave espacial experimental, após fazer uma viagem através de um buraco negro, traz consigo uma ilusiva entidade sobrenatural.

Porém, apesar de tal mundo estar distante, temporalmente e espacialmente, em relação ao nosso, ele é ontológica e politicamente semelhante à nossa realidade, como se houvesse uma espécie de transposição da narrativa, diluindo ou eliminando qualquer sensação de estranheza, tal como também ocorre nos livros e filmes de *Star Wars* ou na saga *Duna* de Frank Herbert. Note-se que nessas obras o infamiliar, quando surge, não decorre dos elementos fantásticos, mas de eventos que poderiam ser tidos como "normais", tais como os sonhos, alucinações e premonições que atormentam seus respectivos protagonistas, Luke Skywalker e Paul Atreides.

Já o que marca a obra de Lovecraft é a irrupção de algo "estranho", do *weird*, em nosso mundo que é familiar, o que de certo modo coincide exatamente com a sensação de "infamiliar", revelando e nos fazendo lembrar que é disso que Fisher trata na articulação do *weird* e do *eerie*.

Em suma, diz Fisher, o que marca uma *weird fiction* não é a existência de elementos fantásticos, os quais podem ser até mesmo naturais em certo contexto ou narrativa, na qual previamente se estabelece o que é real e possível em determinado cenário, ou seja, tudo se passa em um mundo autocontido. Já no *weird* e no *eerie*, há algo que está *out of joint*[4] (desconjuntado), ensejando uma colisão entre mundos, uma ruptura do tecido da realidade, o que é característico na obra de autores como H.P. Lovecraft (Fisher, 2017, p. 19).

No que tange especificamente ao *eerie*, sua estranheza depende da articulação com determinadas circunstâncias externas ao objeto, isto é, algo que, intrinsecamente, não foge da normalidade, mas é anormal por estar absolutamente fora de qualquer contexto, no qual sua presença não pode ser, a priori, justificada, daí se originando sua carga de estranheza. Fisher ainda desdobra o *eerie* em duas modalidades: falha de ausência e falha de presença, sendo que ambas se relacionam com a questão da agência,

---

4. A ideia de *time out of joint* (o tempo está desconjuntado), extraída da peça Hamlet, de Shakespeare, é central para o entendimento da hauntologia, o que será visto adiante, sendo que no caso do *weird* e do *eerie* o desconjuntamento é menos temporal e mais dimensional, isto é, o desconjuntamento deflui do paradoxo entre mundos.

ou seja, forças que atuam em um determinado contexto ou realidade. A falha de ausência diz respeito à percepção de que existe uma agência, isto é, uma vontade que vetoriza determinado evento em uma dada situação em que nada deveria existir. O exemplo que Fisher primeiramente apresenta é do *eerie cry*, ou seja, o crocitar inquietante de uma ave: "a noção do crocitar misterioso, o qual se percebe assustador por conta da sensação de que há algo mais no choro (ou por trás) do que um mero reflexo animal ou mecanismo biológico" (Fisher, 2017, p. 61-62, tradução nossa).

Quanto à segunda espécie, falha de presença, há algo em determinado local, mas, pelas circunstâncias, sua presença é absolutamente desconhecida e injustificada. Um exemplo de tal falha diz respeito às ruínas de civilizações perdidas, como as estruturas de Stonehenge ou ainda as estátuas da Ilha de Páscoa. Ainda nessa linha, também é possível mencionar o monolito negro de *2001 – Uma Odisseia no Espaço*, que denota um "inquietante" não por sua aparência, que poderia passar despercebida no contexto da arquitetura ou do design moderno. Contudo, no filme, ele surge em circunstâncias de tempo ou local nas quais não poderia naturalmente estar, tal como na pré-história ou no planeta Júpiter, o que gera inquietação acerca de qual agência seria responsável por sua presença, sendo essa uma das principais questões que serve como fio condutor do filme de Kubrick.

Essa prática da crítica cultural está imbricada na política, temas que estão em constante diálogo na obra de Fisher, mas que remontam a Marx, em conceitos e ideias pertinentes ao já analisado materialismo gótico. Em termos políticos, Fisher apresenta o próprio capital como algo que pode ser analisado sob o prisma do inquietante, eis que se trata de uma agência hiperabstrata, que não pode ser vista e tocada, difícil de ser nomeada: "o capital é, em todos os níveis, uma entidade *eerie*: criado do nada, o capital, no entanto, exerce mais influência do que qualquer entidade supostamente substancial" (Fisher, 2016, p. 11, tradução nossa). Nesses termos, a elaboração do *eerie* pode se dar no âmbito político, como método de percepção e compreensão das questões da "agência", isto é, das estruturas e formas sociais que moldam a reprodução, a sociabilidade e que, em um nível mais profundo e abstrato, determinam as condutas sob a égide do capitalismo, forças essas que nem sempre estão disponíveis a uma simples apreensão sensorial (FISHER, 2016, p. 64).

3.1.3 O infamiliar na dialética de Fisher

Conforme já mencionado, não obstante seu caráter fragmentado, a obra de Fisher se desenvolve e gravita em torno de dois eixos, um que é o da crítica às injustiças da sociedade capitalista em sua fase neoliberal ou pós-fordista e o outro, de viés propositivo, que aponta para potencialidades e futuros emancipatórios, sendo que ambos podem ser lidos a partir do prisma do conceito de infamiliar.

A relação do infamiliar com a hauntologia é mais patente, com o próprio Fisher, por vezes, tratando os termos como sinônimos, aduzindo que a partícula *haunt*, que simultaneamente indica "casa" e "assombração", corresponderia ao núcleo do infamiliar da expressão germânica *Unheimlich*:

> A palavra *haunt* - e todas as suas derivações - pode ser aquela de língua inglesa mais próxima do alemão *Unheimlich*, cujas conotações polissêmicas e ecos etimológicos Freud tão assídua e notoriamente desvendou em seu ensaio sobre O Infamiliar. Assim, *haunt* tem esse duplo significado, tanto designa morada, a cena doméstica, quanto indica aquilo que a invade ou a perturba. Note-se que o Dicionário Oxford de Inglês lista um dos primeiros significados da palavra *haunt* como o de "casa" ou o de "fornecer uma casa" (Fisher, 2014, p. 125, tradução nossa).

No entanto, quanto à parte crítica da obra de Fisher, o conceito de infamiliar e seus desdobramentos não costuma se fazer expressamente presente, não aparecendo uma única vez no livro *Realismo Capitalista*. Porém, a partir de uma leitura sistemática da obra de Fisher, é possível extrair que o próprio conceito de realismo capitalista é uma tentativa dele em dar nome à sensação de infamiliar que decorre do fim das expectativas da era fordista e do Estado de bem-estar social. Para além disso, o infamiliar também pode ser lido em Fisher como aquilo que ele tenta trazer à tona em seu eixo crítico.

Outro ponto importante de relação entre o infamiliar e a obra de Fisher se refere ao conceito de ideologia, tendo em vista que, dentre as acepções de Freud, a sensação do "*Unheimlich*" por vezes surge a partir da existência de uma realidade que se tenta ocultar, ou seja, "tudo o que deveria permanecer em segredo, oculto, mas que veio à tona" (2019, p. 45), sendo que esse "vir à tona" guarda relação ao exercício fisheriano de apontar as falhas no Real, como modo de desconstruir o realismo capitalista. Portanto, podemos também afirmar que a ideologia é ela própria uma fonte da sensação do infamiliar, principalmente quando surgem falhas no tecido ideológico, pelas quais transparece a injustiça da dominação política, as desigualdades sociais e a exploração econômica.

Desse modo, o exercício do trazer à tona tudo aquilo que deveria permanecer em segredo corresponde exatamente ao método fisheriano de crítica ao realismo capitalista e da busca por caminhos de superação, em que são trabalhadas as frestas ou falhas da ideologia, fissuras pelas quais o Real, em sua acepção lacaniana, tende a emergir, cabendo acrescentar que tais frestas são inerentes ao próprio discurso ideológico, tal como lembra Marilena Chauí:

> O discurso ideológico é coerente e racional porque entre suas "partes" ou entre suas "frases" há "brancos" ou "vazios" responsáveis pela coerência. Assim, a ideologia é coerente não apesar das lacunas, mas por causa ou graças às lacunas. Ela é coerente como ciência, como moral, como tecnologia, como filosofia, como religião, como pedagogia, como explicação e como ação apenas porque não diz tudo e não pode dizer tudo. Se dissesse tudo, quebraria-se por dentro (Chauí, 2001, p. 132-133).

Porém, essa necessidade de estruturação lacunar, ao mesmo tempo que dá coesão ao discurso ideológico como tal, também gera a sensação de que há algo fora do lugar, um incômodo difuso, um constante infamiliar, que emerge a partir das entre-linhas do não dito. É diante dessa problemática que se posiciona a hauntologia, a qual, em uma das acepções dadas por Fisher, configura uma prática, uma espécie de contra exorcismo, que tem por objetivo trazer à tona aquilo que o realismo capitalista tenta ocultar. Porém, antes de avançar pelos significados fisherianos da hauntologia, é de rigor analisar a gênese desse conceito, cunhado por outro grande teórico.

3.2 HAUNTOLOGIA EM DERRIDA

O termo hauntologia[5] é um neologismo criado pelo pensador franco-argelino Jacques Derrida, derivado da união das palavras da língua inglesa "*haunt*" (assombração ou assombrar) e "*ontology*" (ontologia), designando assim uma "ontologia espectral", que opera múltiplos significados, afirmando Derrida que se trata de um "conceito irredutível" (1994, p. 75). No entanto, é possível desde logo estabelecer alguma determinação, relacionando a hauntologia com o infamiliar, no sentido de que aquela tem um caráter constituinte do ser, ao passo que o infamiliar concerne a um efeito psíquico, que eventualmente pode ser gerado por tal constituição ontologicamente espectral.

Outro sentido, concerne à crítica cultural, a qual se apropriou do termo hauntologia para designar um certo tipo de música e arte, nas quais sons e imagens remetem a ideias e sensações espectrais, por meio de jogos de memória, que procuram gerar uma ilusiva ambiência nostálgica e melancólica. Na obra de Fisher, essa dimensão cultural preponderou em sua fase inicial, que é a do pós-modernismo. Porém, na medida em que se avança na

---

5. Não há um consenso quanto à tradução do termo "hauntology", eis que, na versão brasileira de *Espectros de Marx*, a palavra escolhida foi "obsidiologia", havendo também os defensores da expressão "rondologia", sem falar em outros termos como "espectrologia" e "assombrologia". Assim, aqui se reitera, também com relação a Derrida, a opção pela versão aportuguesada do termo, ou seja, por "hauntologia", que além de ser a expressão mais empregada no meio cultural, principalmente na música, é mais fiel à concepção original de Derrida em termos de significante, preservando sua imagem fônica e gráfica, bem como a própria potência do conceito, que, em um primeiro plano de interpretação literal passa a ideia de uma ontologia espectral, havendo também o elemento facilitador da pesquisa, porquanto hauntologia, com a mesma identidade gráfica, aparece das últimas traduções de Fisher para o espanhol e o italiano.

obra, o conceito vai se apresentando em novos contornos, principalmente no nível político, em uma reaproximação com alguns dos significados e usos que Derrida lançou mão em *Espectros de Marx*.

Diante dessa reaproximação, cabe aqui trazer a gênese do conceito, que foi especialmente concebido por Derrida para ser apresentado em um simpósio na Universidade da Califórnia provocativamente intitulado *Para onde vai o marxismo?*. As conferências de Derrida ocorreram na abertura do evento, mais precisamente nos dias 22 e 23 de abril de 1993, com o nome *Espectros de Marx*, sendo posteriormente materializadas no livro homônimo. A ambiência cultural e geopolítica daquele tempo era a do rescaldo dos efeitos da queda do Muro de Berlim e da dissolução da União Soviética, em meio à difundida ideia do fim do marxismo e do socialismo, com os Estados Unidos emergindo como única e incontrastável superpotência, capitaneando a democracia liberal capitalista como única forma aparentemente viável de organização econômica e social.

Esse *ethos* de realismo capitalista foi personificado pelo teórico Francis Fukuyama, com seu livro *O Fim da História e o Último Homem*, publicado em 1992, sendo esse o contraponto dialético, teórico e contextual a partir do qual Derrida desenvolve sua exposição, ou seja, *Espectros de Marx* concerne justamente a um estudo e uma contraposição *avant la lettre* ao realismo capitalista. Nesse quadro, afigurou-se bastante peculiar a linha de reflexão adotada por Derrida. Afinal, o teórico franco-argelino, não obstante uma certa proximidade com o pensamento marxista ou filomarxista, sempre foi mais associado às teorias estruturalistas e pós-estruturalistas, bem como à ideia de pós-modernismo, sendo sua figura e ideias pouco aceitas no âmbito de um marxismo mais ortodoxo e militante, com sua obra sendo considerada de baixa intensidade política, de cunho eminentemente acadêmico.

Entretanto, Derrida surpreendeu, demonstrando substancial conhecimento acerca da obra marxiana, utilizando distintos textos de diversas fases de Marx em sua exposição, bem como adotando uma incomum tônica combativa, questionando o então hegemônico ideário do "fim da história", como também defendendo a imprescindibilidade de Marx

Será sempre um erro não ler, reler e discutir Marx. Isto é, também alguns outros – e para além da "leitura" ou da "discussão" acadêmica. Cada vez mais será um erro, uma falta de responsabilidade teórica, filosófica, política. Uma vez que a máquina de dogmas e os aparelhos ideológicos "marxistas" (Estados, partidos, células, sindicatos e outros lugares de produção doutrinária) se encontram em curso de desaparecimento, não temos mais desculpas, somente álibis, para desviar-nos desta responsabilidade (Derrida, 1994, p. 29-30).

No que tange propriamente à conferência, Derrida inicia sua exposição lançando mão da peça *Hamlet*, de Shakespeare, adotando-a como alegoria, transpondo a trama política e familiar que envolve o assassinato do rei da Dinamarca para o cenário do tempo da conferência. Assim, tal como o espectro do rei assombrava a Dinamarca em *Hamlet*, o espectro de Marx e do comunismo assombraria a "nova ordem mundial" do "fim da história". É nesse momento da exposição que Derrida inicia sua resposta à provocação do simpósio ("*Para onde vai o marxismo?*"), articulando pela primeira vez o termo hauntologia, que seria mais preciso para a tentativa de nomeação da atmosfera de "encenação do fim da história", aduzindo ser a expressão mais ampla do que a ontologia, na medida em que a hauntologia "abrigaria em si, mas com lugares circunscritos e efeitos particulares, a escatologia e a teleologia" (1994, p. 26).

A partir daí, o conceito se desenvolve ao longo de *Espectros de Marx*, articulado com a conhecida passagem de Hamlet, *the time out of joint*, algo como "o tempo está fora do lugar", em que Hamlet amaldiçoa a posição em que se encontra, de ter que vingar a morte de seu pai, de elidir uma traição, em um tempo em que não há justiça. A intuição que Derrida apresenta a partir dessa fala de Hamlet é que, ao tempo da conferência, haveria um "tempo fora do lugar", e que a "nova ordem mundial", que consigo trazia uma série de injustiças, seria assombrada pelos espectros de Marx, os quais habitariam essa nova ordem, mas sem nela propriamente residir, como uma verdadeira assombração (Derrida, 1994, p. 61 e p. 136).

Ainda de acordo com Derrida, a hauntologia pode se dar de dois modos: "não mais" e "não ainda". O "não mais" consiste na assombração que um dia correspondeu a algo efetivamente existente no mundo material. Já o "não ainda" concerne a um mera potencialidade, a algo ainda não materializado, sendo que, de certo modo, essas duas dimensões hauntológicas passaram a assombrar a referida nova ordem mundial globalizada dos anos 1990. Afinal, se por um lado o comunismo nunca chegou a se consolidar, visto que os países do socialismo realmente existente tiveram suas trajetórias interrompidas no curso de um processo histórico de transição ("não ainda"), por outro lado, o fim da União Soviética e a dissolução do bloco do Leste Europeu foi simbólico ao encerrar aquilo que concretamente mais tendia à superação do capitalismo ("não mais").

Outro uso que Derrida faz da hauntologia é o de designar as experiências da mídia de massa. Nesse ponto, cabe lembrar que a conferência de Derrida foi proferida já ao tempo dos primeiros anos da internet, no contexto imediatamente subsequente ao da Guerra do Golfo, quando, pela primeira vez, um conflito de tamanha proporção foi transmitido mundialmente, via satélite, com as telas de televisão exibindo, em tempo real, o "show" de mísseis e das munições traçantes das baterias antiaéreas.

Segundo Derrida, a expansão dessas tecnologias de mídia eletrônica diluiu e deslocou a fronteira entre o público e o privado, criando e ampliando uma zona ilusiva, gerando assim um elemento espectral, nem vivo, nem morto, o qual, não pertencendo à ontologia ou ao discurso sobre o ser ou à essência da vida ou da morte, também constituiu uma hauntologia (Derrida, 2016, p. 63).

Ainda segundo Derrida, a hauntologia também pode designar uma contraposição à ontologia, pois essa sempre consubstanciaria "um movimento de exorcismo" (Derrida, 1994, p. 214), correspondendo à recusa ao que é espectral, enquanto o hauntológico transmitiria, dentre outras ideias, a percepção de movimento, tanto daquilo que já foi e não é mais, como daquilo que ainda não é mas poderá ser, bem como do que é assombrado por uma externalidade que lhe afeta ou, ainda, podendo corresponder à condição ser assombrado por si mesmo (Derrida, 1994, p. 178).

Finalmente, no ápice de articulação do conceito, Derrida relaciona a hauntologia à teoria do valor, ao fetiche da mercadoria e à forma jurídica, como sendo a espectralização das relações sociais abstratamente consideradas (Derrida, 1994, p. 206, 211 e 228). Portanto, o fetiche não estaria propriamente na mercadoria, a qual seria uma forma vazia, mas assombrada, enfeitiçada, pelas pessoas e suas relações sociais, sendo o valor, excedente direto da força de trabalho abstratamente considerada, o produto fantasmático de tais relações. Derrida também faz a ponte entre as obras marxianas a *Ideologia Alemã* e *O Capital* (1994, p. 198), indicando um paralelo entre o esquema de representação da religião cristã e o capitalismo, eis que em ambos haveria algo como um espectro religioso, que simplesmente autonomizaria uma representação, em seguida se esquecendo de sua origem enquanto tal.

Derrida termina *Espectros de Marx* em uma espécie de exortação aos intelectuais e teóricos do amanhã, os quais, ao tratarem com o "fantasma" não devem propriamente conversar com ele, mas sim "a ocupar-se dele", "restituir-lhe a fala", aduzindo que os espectros, sejam eles do "não mais" ou do "não ainda", permitem repensar o presente, basta dar-lhes voz (Derrida, 1994, p. 234), sinalizando que a própria conferência foi uma espécie de hauntologia.

Para concluir, não obstante aquela alegação inicial de Derrida de que se trata de um "conceito irredutível", é possível estabelecer um termo médio, no qual a hauntologia pode ser definida como o exercício ou prática do saber voltada ao entendimento das imaterialidades e abstrações de cunho espectral, que afetam e interferem no presente do mundo material, mas que aparentam se encontrar em uma espécie de desconjunção temporal, na qual a sensação de fim se mescla à expectativa de começo, ou seja, a hauntologia concerne aos espectros dos futuros perdidos que afetam a realidade do presente.

3.3 HAUNTOLOGIA EM FISHER

Conforme já destacado, a hauntologia em Fisher corresponde a um dos eixos principais de sua obra, tendo o próprio teórico inglês elevado esse conceito ao nível de par dialético do realismo capitalista, afirmando que "a hauntologia anseia por aquilo que é bloqueado pelo realismo capitalista" (Fisher, 2017b) ou que a hauntologia[6] corresponde a "traços de exterioridade que persistem neste mundo, não obstante a dominância do capital" (Fisher, 2014).

Porém, em Fisher, a hauntologia nem sempre ocupou tal patamar filosófico. Afinal, em sua primeira fase, que é a do pós-modernismo, o teórico preponderantemente restringiu o termo à crítica musical. No entanto, já na segunda fase, que é a do realismo capitalista, a hauntologia ganha contornos políticos, sendo inicialmente tratada por Fisher em termos muito próximos ao já mencionado materialismo gótico: "na hauntologia de Marx - onde o trabalho morto-vivo é o correlato das mercadorias vitalizadas - entende-se que a ficção estrutura a realidade. Chamar o capital de monstro autogerado não é falar metaforicamente".[7] Finalmente, na terceira fase de Fisher, no ponto de virada representado pelo livro *Ghosts of My Life*, a hauntologia atinge um platô conceitual mais elevado, naquela acepção de mapeamento de traços de uma exterioridade que insiste em assombrar o capitalismo tardio.

Assim, em sua produção tardia, o teórico inglês aproxima-se da concepção hauntológica de Derrida, notadamente quanto ao aspecto político-melancólico das noções de persistência ("não mais") e de prefiguração ("não ainda"), ou seja, persistência no

---

6. Originalmente Fisher fez tal comentário usando o título do livro que acabara de lançar, *Ghosts of My Life*, como sinônimo de hauntologia. No entanto, não há uma exata correspondência, tal como será melhor especificado adiante.

7. FISHER, *Hiperstição de Esquerda: As ficções do* capital, k-punk, 28/11/2005, tradução nossa.

sentido de indicar desejos e ideias que, não obstante a força do realismo capitalista, ainda perseveram em meio à adversidade, e prefiguração, a qual aponta para contingências e potenciais caminhos que nunca foram efetivamente trilhados, consubstanciando uma sofisticada forma de articulação política do luto:

> Nos termos de Freud, tanto o luto quanto a melancolia têm a ver com a perda. Mas, enquanto o luto é a retirada lenta e dolorosa da libido do objeto perdido, na melancolia, a libido permanece ligada ao que desapareceu. Para que o luto comece adequadamente, diz Derrida em *Espectros de Marx*, os mortos devem ser conjurados: a conjuração deve garantir que os mortos não voltem [...] Mas há aqueles que se recusam a permitir que o corpo seja enterrado, assim como há o perigo de (sobre) matar algo a tal ponto que se torne um espectro, uma virtualidade pura. "As sociedades capitalistas", escreve Derrida, "podem sempre dar um suspiro de alívio e dizer a si mesmas: o comunismo acabou, mas não aconteceu, foi apenas um fantasma. Eles não fazem mais do que repudiar o próprio inegável: um fantasma nunca morre, ele permanece sempre para vir e voltar". A assombração, então, pode ser interpretada como um luto fracassado. Trata-se de se recusar a desistir do fantasma ou - e isso às vezes pode significar a mesma coisa - a recusa do fantasma em desistir de nós. O espectro não permitirá que nos acomodemos nas e pelas satisfações medíocres que podemos colher em um mundo governado pelo realismo capitalista (Fisher, 2014, p. 22, tradução nossa).

Trata-se, portanto, de um outro modo de politização do problema da depressão, cabendo lembrar que, em seu eixo de crítica negativa do realismo capitalista, Fisher apresentava a questão como denúncia das promessas não cumpridas do neoliberalismo e da perversa estratégia de privatizar um problema que é preponderantemente político-social. Agora, na hauntologia, Fisher utiliza o sentimento melancólico, a vontade de "não desistir do fantasma", como meio de obter empuxo libidinal, a fomentar desejos revolucionários, na medida em que a não aceitação da perda do futuro confere à depressão potência de impedir que o realismo capitalista fique acomodado no horizonte do possível (Fisher, 2014, p. 22).

3.4 COMUNISMO ÁCIDO

A hauntologia é o conceito central no eixo propositivo da obra de Fisher, podendo ser entendida, grosso modo, como aquilo que assombra e combate o realismo capitalista. Além disso, ainda que com outros sentidos, a hauntologia também se apresenta nas fases anteriores de Fisher, pertinentes ao pós-modernismo e ao realismo capitalista, permeando assim toda sua obra, desde os primeiros textos do *blog*, época em que a expressão era mais associada à crítica musical, até sua fase mais madura, na qual o termo foi ganhando densidade e sentido político. Além disso, mesmo não tendo sido expressamente referida no livro *Realismo Capitalista*, a hauntologia nele se faz presente por meio do exercício fisheriano de evidenciar as chamadas frestas no Real, através da crítica à saúde mental, à burocracia e, principalmente, ao cancelamento do futuro e da inovação cultural sob o jugo do neoliberalismo. Assim, até mesmo no livro *Realismo Capitalista*, a hauntologia está presente em sua ausência, na forma de um silêncio eloquente.

Em sua produção tardia, de *Ghosts of My Life* em diante, a hauntologia ganha protagonismo e ainda maior carga política, no sentido de representar táticas e estratégias contra o realismo capitalista e é nesse quadrante que surge o comunismo ácido,[8]

---

8. É também usual a tradução da expressão para "comunismo lisérgico". No entanto, aqui se entende que o termo lisérgico é excessivamente reducionista, pois limita a expressão às experiências relacionadas à psicodelia, ao passo que a palavra "ácido", além de ser mais simples, mantendo ainda esse mesmo sentido psicodélico, também aponta para algo que é corrosivo, que é plástico, não podendo ser constrito por formas. Ademais, a palavra "ácido" também remete a gêneros da música eletrônica, tal como a *Acid House*, de uma cena das *raves* inglesas que, além de ser muito cara a Fisher, também consubstanciou um movimento que incomodou o governo Thatcher, por meio de ocupações para a promoção dos eventos, gerando violenta reação policial, também assim simbolizando outro caminho de contraposição ao realismo capitalista. Nessa linha, cabe trazer o comentário de Matt Colquhoun, teórico e aluno de Fisher, o qual organizou a transcrição de *Postcapitalist Desire*: "Na verdade, o comunismo ácido

representando o máximo de articulação hauntológica, uma espécie de Nêmesis do realismo capitalista. Afinal, a hauntologia diz respeito à constituição de algo ou de alguém por aquilo que o assombra, sendo que o comunismo ácido, em uma das definições de Fisher, é justamente aquilo que assombra não apenas o neoliberalismo, mas o próprio capitalismo.

Nessa linha, Fisher resgata as reflexões de Herbert Marcuse, o qual, em *Eros e a Civilização*, estabeleceu uma distinta chave de leitura do capitalismo, interpretando-o como aquilo que constantemente tem que se defender "contra o espectro de um mundo que poderia ser livre" (Marcuse, 2018, p.70 e Marcuse apud Fisher, 2018b, p. 753). Esse sistemático exorcismo que o capitalismo é forçado a fazer acaba por inverter a concepção usual de que o comunismo seria anticapitalista, para sim interpretar o capitalismo como anticomunista, ou seja, como modo de produção que sistematicamente tem que afastar o fantasma de um mundo que poderia ser livre.

Outro modo de apreensão do comunismo ácido pode se dar em meio à dimensão política da psicanálise, cabendo lembrar que o realismo capitalista, em uma de suas definições mais acuradas, pode ser concebido como resultado de um ato analítico, ou seja, de nomeação de um sintoma, correspondente ao mal-estar difuso inerente à atmosfera neoliberal. Já o comunismo ácido iria para além dessa nomeação negativa, constituindo uma nomeação positiva, ou seja, não mais de um sintoma, mas representando o nome de um desejo para além do capitalismo.

No entanto, apesar da potência e da notoriedade do termo comunismo ácido, Fisher não teve oportunidade para desenvolvê-lo, sendo que o único escrito em que dele expressamente tratou foi a introdução inacabada daquele que potencialmente seria seu

---

resiste à definição, recusando-se a ser consolidado em uma "forma de desejo". Ao invés disso, diz respeito a uma renovada "desejabilidade", por um mundo pós-capitalista, que por enquanto é indeterminado, evitando assim o "realismo" que o capitalismo insiste em perpetuar. Particularmente, a palavra "ácido" invoca a ideia de produtos químicos industriais, psicodélicos e, ao mesmo tempo, vários subgêneros da *dance music*, enfatizando uma promiscuidade incômoda. Com tantos usos e instanciações em vários contextos, é tão difícil definir claramente o conceito, tal quanto seria imaginar o próprio comunismo no século XXI" (Colquhoun, 2020, p. 227, tradução nossa).

próximo livro, denominado *Acid Communism* (Comunismo Ácido), projeto interrompido com a prematura morte de Fisher, em 13 de janeiro de 2017.

O fragmento de *Comunismo Ácido* foi postumamente publicado na compilação *K-Punk*, tratando-se de um escrito com pouco mais de quinze páginas, que, apesar de ser um simples esboço de introdução, é um texto extremamente rico e, como é próprio da obra fisheriana, aponta para diversas linhas de desenvolvimento. Desse modo, em geral, quando se fala em comunismo ácido na obra de Fisher, as referências costumam ser limitadas a tal esboço. Todavia, a partir da técnica que Fisher emprega na feitura de seus livros, que essencialmente consiste em reaproveitar textos e postagens anteriormente publicadas, sistematizando-os e aglutinando-os, surge de pronto a intuição de que boa parte do material que seria utilizado no livro já teria sido veiculado em postagens do blog, textos avulsos, bem como em aulas e palestras.

É certo que, especificamente com relação ao termo comunismo ácido, essa arqueologia teórica acaba sendo dificultada pelo fato de Fisher ter pouco empregado o termo textualmente. Entretanto, a partir de determinados critérios e parâmetros epistemológicos, é possível identificar alguns artigos, aulas e palestras, a maioria produzida nos anos de 2015 e 2016, que expandem o esboço de introdução, possibilitando estruturar o diagrama de uma teoria do comunismo ácido.

Dentre os textos representativos do comunismo ácido, além do esboço de introdução, é possível indicar os seguintes artigos: *No romance without finance* (Fisher, 2019, p. 419); *For now, our desire is nameless* (Fisher, 2018, p. 585) e *Anti-therapy* (Fisher, 2018, p. 589). Além desses, também é possível incluir outros dois notórios artigos de Fisher, que são eminentemente de intervenção política, mas que trazem certos elementos que podem ser considerados como de uma espécie de protocomunismo ácido, são eles: *Como matar um zumbi: elaborando estratégias para o fim do neoliberalismo* (Fisher, 2018, p. 539) e *Deixando o Castelo do Vampiro* (Fisher, 2018, p. 537).

Dentre as aulas e palestras, as mais notórias são aquelas representadas pela última disciplina de Fisher, cujas aulas, ministradas no final de 2016, foram materializadas no livro *Postcapitalist Desire* (Fisher, 2021). No entanto, em complemento a tais aulas, cabe ainda acrescentar as seguintes conferências proferidas naquele mesmo ano: *All of this is temporary*,[9] *Designer Communism – Digital Bauhaus: Luxury Communism*[10] e *Touchscreen Capture: How Capitalist Cyberspace Inhibits Acceleration.*[11] Assim, a partir do núcleo central, representado pelo esboço de introdução, é possível expandir as fronteiras do comunismo ácido, agregando referidos textos, aulas e palestras, os quais podem ser designados como comunismo ácido ampliado.[12]

Nessa tarefa, cabe primeiramente destacar que Fisher resgata uma tradição crítica mais claramente iniciada com Marcuse, em *Eros e a Civilização*, que posiciona a luta política em termos de uma disputa no campo do desejo. Nessa linha, a primeira preocupação de Fisher, como filósofo dos conceitos, foi a de nomeação, ou seja, encontrar uma designação a partir da qual uma engenharia conceitual pudesse se traduzir em uma engenharia libidinal. Nesse processo, o teórico inglês testou vários nomes, dentre os quais: socialismo libertário, comunismo democrático, comunismo luxuoso, desejo pós-capitalista, dentre outros.

A opção de Fisher foi pelo comunismo ácido, que em sua visão, seria uma espécie de oxímoro, ou seja, combinaria ideias paradoxais, que não poderiam existir em condições usuais, mas que justamente por isso teriam o efeito de gerar inquietação e instigar a imaginação, lembrando aqui um pouco do exercício que Fisher faz na articulação do *weird* e do *eerie* como elementos geradores da sensação de infamiliar.

Para Fisher, o termo comunismo sempre foi muito fustigado pela ideologia dominante e contrapropaganda neoliberal, que exploravam determinadas mazelas ou contradições dos países do socialismo realmente existente, vinculando-os, ainda que

---

9. 23/02/2016.

10. 06/04/2016.

11. 18/06/2016.

12. Essa designação "comunismo ácido ampliado", foi inspirada no artigo *K-Punk at Large*, de Simon Hammond, o qual foi traduzido para o português por Fabrício Silveira e Matheus Borges como *K-Punk Ampliado*.

levianamente e sem fazer qualquer mediação discursiva, à ideia de escassez, aridez cultural e sobriedade autoritária. Assim, a expressão "ácido" poderia ser articulada como uma resposta a tal crítica, pois remeteria à psicodelia e às experiências lisérgicas típicas da contracultura dos anos 60 e 70. Desse modo, a paradoxal contraposição dos conceitos, de mundos, a priori, colidentes remete a algo diferente e instigante, de um comunismo para além do socialismo realmente existente e de sua recorrente estigmatização pelo discurso neoliberal. Portanto, comunismo ácido é o resultado da filosofia conceitual de Fisher, de um processo de nomeação, agora não mais de um sintoma, mas de um slogan, de uma efetiva palavra de ordem, capaz de gerar empuxo libidinal para além do realismo capitalista, tendo Fisher apresentado esse processo de nomeação em um dos artigos do comunismo ácido ampliado, *For now, our desire is nameless*:

> O desejo é sempre o resultado de processos de engenharia libidinal - e, no momento, nosso desejo é manipulado pelo exército de especialistas em relações públicas, marcas e publicidade do capital. A esquerda precisa produzir suas próprias máquinas de desejo. É verdade que, à primeira vista, parecemos estar em desvantagem aqui, quando consideramos os vastos recursos que o capital tem à sua disposição para capturar nosso desejo. No entanto, não há desejo de capitalismo como tal, assim como a cultura é composta de materiais libidinais que não têm relação essencial com o capital - e é por isso que o capital precisa nos distrair, deprimir e viciar para nos manter cativados e subordinados. Mas se não devemos mais nos definir negativamente, por nossa oposição ao capital, qual será o nome do nosso projeto positivo? [...] Cabe a nós construir esse futuro, mesmo que - em outro nível - ele já esteja nos construindo: um novo tipo de agente coletivo, uma nova possibilidade de falar na primeira pessoa do plural. Em algum momento deste

processo, o nome do nosso novo desejo aparecerá e nós o reconheceremos (Fisher, 2018b, p. 588, tradução nossa).

Conforme mencionado, Fisher também testou outros nomes, os quais pontualmente utilizou, tal como comunismo de luxo ou desejo pós-capitalista. No entanto, tendo em vista os efeitos pretendidos por Fisher, comunismo ácido se afigura no mínimo bastante adequado, principalmente considerando que uma das últimas e mais precisas definições de Fisher acerca do realismo capitalista foi no sentido de entendê-lo como um conjunto de estratégias e efeitos de rebaixamento da consciência, a qual, em meio ao rescaldo do maio de 68 e à exuberante contracultura dos anos 1970, estava em elevação, articulando a luta de classe com aquelas dos direitos civis, mesclando as lutas dos movimentos negro e feminista.

Fisher assim procura sintetizar conceitualmente a articulada união das lutas de raça, classe e gênero e que acabaram pulverizadas ou diluídas pelas forças fragmentárias e centrífugas do realismo capitalista. Nesses termos, diz Fisher acerca de sua opção conceitual, representativa da hauntologia do espectro do mundo que poderia ser livre:

> Comunismo ácido é o nome que dei a esse espectro. O conceito de comunismo ácido é uma provocação e uma promessa. É uma espécie de brincadeira, mas com um propósito muito sério. Aponta algo que, a certa altura, parecia inevitável, mas que agora se afigura impossível, isto é, a convergência da consciência de classe, da conscientização socialista-feminista e da consciência psicodélica. Seria a fusão dos novos movimentos sociais com um projeto comunista, uma estetização sem precedentes da vida cotidiana. O comunismo ácido refere-se a desenvolvimentos históricos reais e a uma confluência virtual que ainda não se uniu na realidade. Os potenciais exercem influência sem serem atualizados. As formações sociais reais são moldadas pelas formações potenciais cuja atualização elas procuram impedir.

> A impressão de "um mundo que poderia ser livre" pode ser detectada nas próprias estruturas de um mundo realista capitalista que impossibilita a liberdade (Fisher, 2018b, p. 757, tradução nossa).

Portanto, se o realismo capitalista, ao final, deve ser tido como aquilo que rebaixa a consciência, o comunismo ácido deverá ser concebido como aquilo que eleva a consciência. Nesse sentido, Fisher aponta para duas estratégias fundamentais. Uma que é a do resgate histórico das experiências emancipatórias que foram fulminadas pelo realismo capitalista. Já a outra concerne na efetiva prática de rituais ou formas de sociabilidade com capacidade de elevação de consciência.

Dentre as diversas experiências que merecem resgate, Fisher destaca aquela do governo de Salvador Allende como emblemática, pois sua derrubada foi o evento chave do neoliberalismo. Afinal, a eleição de Allende era tudo o que o capital mais temia, pois resultou em uma democracia socialista, implementada via voto popular, razão pela qual seu governo deveria ser eliminado. Assim, a eliminação ou deflação da consciência também foi feita por caminhos violentos. É certo que o governo de Allende é objeto de constante lembrança pelos teóricos e historiadores do campo progressista, sendo muito conhecido pelas estatizações das minas de cobre, das telecomunicações e de outros serviços públicos, bem como pelo estímulo à ação direta popular, que se dava, por exemplo, pela ocupação de fábricas. Porém, Fisher dá protagonismo a uma outra iniciativa nem sempre lembrada, que foi a da chamada "internet socialista":

> No Chile eles tinham aquilo que ficou conhecido como a "internet socialista" o Cybersyn, que era um sistema que devolvia o poder do mundo do trabalho à democracia. Essas ondas do socialismo democrático atingiram os Estados Unidos, a Europa e, também, outros lugares. E isso deveria ser impedido, eliminado, até mesmo a possibilidade de sua

existência deveria ser destruída e no lugar disso deveria ser colocado um individualismo compulsório (Fisher, 2016[13]).

Fisher não teve a oportunidade de desenvolver maiores considerações sobre a experiência do Cybersyn e de sua representatividade na teoria do comunismo ácido, o que deveria ter ocorrido no seminário 07 da disciplina *Postcapitalist Desire*, intitulado *A Destruição do Socialismo Democrático e as Origens do Neoliberalismo: O Caso do Chile* (Fisher, 2021, p. 213). No entanto, remanesce a indicação bibliográfica das leituras preparatórias, que englobam o livro *Cybernetics and Socialism* de Eden Medina.

Apesar de o livro de Medina ter um enfoque historiográfico e sociológico mais personalista do que propriamente voltado à materialidade histórica, é possível dele extrair o modo como as estratégias políticas do governo Allende apontavam para mudanças nas formas sociais e como essas influíam na tecnologia, permitindo vislumbrar como seria uma "internet socialista", muito distinta do ciberespaço do capitalismo comunicativo. Nesses termos, retrata Medina:

> O sistema que eles propuseram usava novos canais de comunicação para transmitir dados atualizados da produção ao governo e à direção das fábricas estatais. Esses dados deveriam ser inseridos em programas de software estatísticos projetados para prever o desempenho futuro da fábrica e, assim, permitir que o governo chileno identificasse e evitasse crises antes que elas acontecessem. O sistema incluía um simulador econômico computadorizado, que daria aos formuladores de políticas governamentais a oportunidade de testar suas ideias econômicas antes da implementação. Finalmente, o sistema proposto exigia a criação de uma sala de operações futurista, na qual os membros do governo pudessem se reunir, entender rapidamente o estado da economia e tomar decisões rápidas baseadas em dados

---

13. All is This is Temporary, 26 de fevereiro de 2016.

recentes [...] Alguns membros da equipe até especularam que esse sistema técnico poderia ser projetado de maneira a mudar as relações sociais chilenas e alinhá-las com os objetivos do socialismo chileno. Por exemplo, alguns viram o sistema como uma forma de aumentar a participação dos trabalhadores na gestão da fábrica (Medina, 2011, p. 23, tradução nossa).

Outra experiência que Fisher traz diz respeito à união das lutas de classe, raça e gênero ocorridas no âmbito do mundo do trabalho e dos sindicatos nos Estados Unidos, representadas por eventos como a Greve de Lordstown de 1972, ocorrida em uma fábrica de automóveis da General Motors existente na cidade do mesmo nome, em que os trabalhadores foram contra a aceleração e rigidez da linha de montagem, bem como se mostraram insatisfeitos com o projeto do carro *Chevy Vega* que ali era produzido. Os trabalhadores não queriam somente flexibilizar e reduzir a jornada de trabalho, mas também externaram a vontade deles próprios em gerenciar o projeto do novo veículo, o qual deveria competir com aqueles produzidos pelas indústrias japonesas, pois tinham a percepção de que poderiam fazer melhor que os engenheiros da GM.

Conforme registra Jefferson Cowie (que é outra referência bibliográfica no fragmento *Comunismo Ácido*), esse movimento tornou-se símbolo das novas aspirações da juventude, bem como da articulação das lutas de raça e trabalho: "A greve dos trabalhadores de Lordstown tornou-se um símbolo nacional coletivo dessa nova atmosfera do mundo do trabalho [...] as pessoas eram atraídas para a visão revigorante de juventude, vitalidade, solidariedade inter-racial e esclarecimento" (Cowie, 2012, p. 48, tradução nossa), o que se consolidou, no âmbito dos sindicatos, na efetiva aglutinação das lutas de classe, raça e gênero, como, por exemplo, através do surgimento de inovadoras centrais sindicais, tais como a CBTU (Coalition of Black Trade Unionists) e CLUW (Coalition of Labor Union Women).

Entretanto, tal como ocorreu com o governo de Allende, o capital não poderia permitir que tais experiências fossem adiante, ao menos não em termos coletivos, também surgindo, nesse campo, uma reação, uma restauração capitalista capitaneada pelo neoliberalismo. Nesse sentido, Grégoire Chamayou relata a resposta do capital ao ideário surgido com a greve de Lordstown, também conhecida como "woodstock industrial", que se deu por meio da constituição de diversos "contramodelos de Lordstown", com as empresas se antecipando em termos de gestão participativas em que "as regras eram fixadas coletivamente e a atividade organizada em grupos autônomos, que se responsabilizavam por vastos segmentos da produção" (Chamayou, 2021, p. 45).

Nesse âmbito, observa Fisher que todas essas experiências, apesar de terem sido fulminadas ou metabolizadas pelo capital, representam pontos de entrada do comunismo ácido, os quais foram desviados ou bloqueados pelas estratégias neoliberais do realismo capitalista, mas que podem ser resgatados por meio de uma simples prefiguração do que teria ocorrido caso a aliança entre trabalhadores, movimentos negro e feminista, energizados pela contracultura dos anos 1970, tivessem se unido de forma sustentável e se acoplado às demandas sobre a qualidade do trabalho e com essas direcionadas à abolição do trabalho (Fisher, 2021, p. 170).

Além do resgate dessas experiências históricas, Fisher fala da importância de práticas concretas de elevação da consciência que merecem ser reproduzidas e estimuladas. Nessa linha, o teórico inglês parte de uma peculiar articulação do jovem Lukács de *História e Consciência de Classes*, com as reflexões da teórica feminista Nancy Hartsock e sua obra *The Feminist Standpoint*, desenvolvendo o conceito que Fisher denominou como consciência de grupo, que consiste em uma espécie de hauntologia capaz de revelar aos indivíduos as estruturas que constrangem suas vidas, implicando não apenas em um conhecimento, mas na mobilização de afetos. Fisher distingue a consciência individual da consciência de grupo, a qual também leva em conta as características individuais, mas não de modo autorreferente, porquanto também considera as mediações desses atributos individuais com as estruturas existentes. Assim, por exemplo, aduz Fisher que ser mulher por si só não dá consciência de grupo, o que dá consciência de grupo é ser mulher e ter consciência de que se é assombrado por uma sociedade patriarcal (Fisher, 2021, p. 121).

Esse exercício relacional e de mediações como forma de apurar a consciência foi bem delineado por Carla Rodrigues, em sua obra *Luto: Entre a Política e a Clínica*, na qual articula as concepções de Fisher acerca da hauntologia, ou seja, da condição de ser constituído por algo que lhe assombra:

> Tomo o caminho dos fantasmas para falar da condição colonial de ser assombrado por aquilo que não se é nem se poderia ser. Ser latino-americano assombrado por não ser europeu, ser negro assombrado por não ser branco, ser indígena assombrado por não ser português, ser periférico assombrado por não ser central, ser mulher assombrada por não ser homem, ser homossexual assombrado por não ser heterossexual, ser transgênero assombrado por não ser cisgênero, e assim sucessivamente. Da ontologia à hauntologia, haveria algo de peculiar na experiência da assombração colonial? Trabalhar em torno da hauntologia a fim de tomá-la como instrumento para pensar a relação com o tempo e com o passado colonial que nos assombra foi o que me pôs a conversar com (os meus) fantasmas (Rodrigues, 2021, p. 60).

Essa prática hauntológica de elevação da consciência pode ser efetuada no âmbito da própria luta política, nos encontros nos partidos, movimentos sociais e outros ambientes em que as falas e discussões permitam um fluxo livre de ideias. Isso ocorria nos grupos feministas de discussão típicos dos anos 1970, em que a partir da fala, de uma simples conversa, era possível identificar que determinados tipos de sofrimento eram compartilhados por distintas mulheres, de modo a revelar que tais sentimentos estavam mais relacionados às estruturas do que propriamente às condições individuais. Desse modo, a autorresponsabilização sedia lugar para uma nova postura, com poder automaticamente transformador, criando ou potencializando um senso de pertencimento político e social.

Ainda nesse âmbito de elevação da consciência e do ponto de vista feminista, uma das leituras indicadas por Fisher em *Postcapitalist Desire*, cujo seminário não chegou a se realizar, concerne ao texto de Silvia Federici, *Salários Contra o Trabalho Doméstico*. O escrito da pensadora italiana trata do movimento homônimo, do qual ela foi integrante, que não apenas visava uma simples compensação econômica pelo trabalho doméstico e de cuidados, mas também desnaturalizar uma exploração histórica. Afinal, fora a própria reprodução do proletariado e, consequentemente, da força de trabalho, há também uma série de atividades de cuidado doméstico e familiar que sempre foram relegadas a uma dimensão de não valor, criada pela narrativa capitalista que introjeta no feminino a vocação ao trabalho doméstico e de cuidado como se fosse um "atributo natural da psique e da personalidade femininas, uma necessidade interna, uma aspiração, supostamente vinda das profundezas da nossa natureza feminina" (Federici, 2019, p. 42). Assim, ainda segundo Federici, o movimento *WFH – Wages for Houseworking* tinha por finalidade elevar a consciência, de modo a demonstrar a enorme energia física e emocional da qual o capital se apropria e pela qual nada ou pouco paga, bem como revelar as estratégias de chantagem emocional empreendidas pelo capitalismo para evitar a recusa a tais cuidados (Federici, 2019, p. 26 e 351-352).

Outro importante aspecto que Fisher delineou acerca do comunismo ácido concerne ao uso da contracultura como força motriz e energizadora das lutas políticas, no sentido dela servir de vetor, prefigurando as transformações necessárias ao mundo que poderia ser livre e, nessa linha, por exemplo, a distopia *Red Plenty* de Francis Spufford, a qual, segundo Fisher, descreveria um mundo que seria o oposto ao realismo capitalista, em que as pessoas teriam a plena capacidade de usufruir e apreciar aquilo que é produzido coletivamente, com as atividades de cuidado ganhando proeminência social e política (Fisher, 2016[14]). Ainda nesse campo de energização da luta política pela cultura, Fisher

---

14. Digital Bauhaus – Luxury Communism, 04 de junho de 2016.

também traz exemplos da música, como a fase psicodélica dos Beatles ou ainda a sonoridade e a própria formação da banda Sly and the Family Stone, a qual, em seu aspecto psicodélico e multifacetado de raça e gênero, representaria a força aglutinadora do comunismo ácido.

Finalmente, é possível concluir que todo esse exercício de nomeação e estruturação do desejo pós-capitalista na forma do comunismo ácido visa não apenas a elevação da consciência e o mapeamento de empuxos libidinais de superação do realismo capitalista, mas sobretudo criar rituais e agências de mobilização coletiva, criadoras de um senso de pertencimento, o qual, ainda de acordo com Fisher, deve ser sobretudo pautado por um espírito de camaradagem, que seria justamente o contrário da dinâmica fragmentária imposta pelo realismo capitalista.

É certo que Fisher não teve a oportunidade de desenvolver plenamente o comunismo ácido e seus desdobramentos. No entanto, deixou diversas trilhas abertas, as quais de algum modo têm se frutificado em meio ao constante debate e no espraiamento de suas ideias, com as obras de Fisher sendo traduzidas para diversos idiomas. Ainda nessa linha, alguns trabalhos começam a surgir a partir das ideias de Fisher, dentre os quais o livro *Camarada*, de Jodi Dean, que pode também ser interpretado como fruto de uma dialética de camaradagem intelectual que se desenvolveu entre os dois teóricos. Em tal obra, Dean apresenta toda uma teoria de pertencimento político lastreada no espírito de camaradagem, dando-lhe uma dimensão histórica e política. Esse livro foi declaradamente inspirado nas ideias de K-punk e a ele é dedicado, servindo de exemplo da riqueza dos caminhos que ainda podem ser trilhados a partir das concepções do camarada Mark Fisher.

AGRADECIMENTO

Muitas pessoas foram importantes na caminhada que resultou no presente livro. Agradeço especialmente a meu mestre, Alysson Mascaro, pela generosa orientação e por ter me feito duvidar do direito, para que pudesse acreditar no justo. Também agradeço aos amigos Luis Manuel Fonseca Pires, Luiz Felipe Brandão Osório e João Sette Whitaker Ferreira pelas generosas observações e constante troca de ideias. A Juliana Paula Magalhães pelos apontamentos althusserianos sobre a crítica da ideologia. A Pedro Davoglio por ajudar a tornar o infamiliar menos infamiliar. A Autonomia Literária (Cauê, Manu e Hugo), Victor Marques e Amauri Gonzo pela parceria na recepção do pensamento de Mark Fisher no Brasil. A Márcia Ohlson pela criteriosa revisão. A todas e todos camaradas do Grupo de Pesquisa Crítica do Direito e da Subjetividade Jurídica, em especial a Reginaldo Gomes, Thiago Kühl e Daniel Fabre. Ao saudoso Flávio Gikovate (in memorian), pelo estímulo à retomada ao pensamento crítico e por um dia ter me dito que eu deveria escrever um livro. Aos meus filhos, Pedrão, Pedrinho e Carolina, aos quais dedico todos meus eventuais acertos. Dedico este livro a Flavia Escrivão, esposa-camarada, pelas reflexões conjuntas de psicanálise e feminismo e, sobretudo, pelo amor e companheirismo.

REFERÊNCIAS

ADORNO, Theodor. Indústria Cultural. São Paulo: Editora Unesp, 2020.

ADORNO, Theodor; HORKHEIMER, Max. Dialética do Esclarecimento. Rio de Janeiro: Zahar, 2006.

ALEXANDRE, Ricardo. Dias de Luta: O Rock e o Brasil dos Anos 80. Porto Alegre: Arquipélago, 2002.

ALMEIDA, Silvio. Racismo Estrutural. São Paulo: Sueli Carneiro; Pólen, 2019.

ALTHUSSER, Louis. Por Marx. Campinas: Editora Unicamp, 2015.

_____. Sobre a reprodução. Petrópolis: Vozes, 2017.

ALVES, Giovanni, A Nova Precariedade Salarial e o Sociometabolismo do Trabalho no Século XXI. In G. Alves; A.C. Casulo (Org). Precarização do Trabalho e Saúde Mental O Brasil da Era Neoliberal. Bauru: Praxis, 2018.

_____. Trabalho e Subjetividade: o espírito do toyotismo na era do capitalismo manipulatório. São Paulo: Boitempo, 2011.

ARRIGHI, Giovanni. O longo século XX: Dinheiro, poder e as origens do nosso tempo – Rio de Janeiro: Contraponto, 2013.

AVANESSIAN, Armen; MACKAY, Robin. #Accelerate. Falmouth: Urbanomic, 2014.

BADIOU, Alain. On Evil: An Interview with Alain Badiou. 2001/. Disponível em: http://cabinetmagazine.org/issues/5/cox_whalen.php

BALCONI, Lucas Ruíz. Direito e política em Deleuze. São Paulo: Ideias e Letras, 2018.

BERARDI, Franco. Depois do futuro. São Paulo: Ubu, 2019.

BOLTANSKI, Luc; CHIAPELLO, Ève. O Novo Espírito do Capitalismo. São Paulo: Martins Fontes, 2020.

BROWN, Wendy. Nas Ruínas do Neoliberalismo. A Ascensão da Política Antidemocrática no Ocidente. São Paulo: Editora Politeia, 2020.

BUTT, Gavin; ESHUN, Kodwo; FISHER, Mark (org). Post-Punk Then and Now. Londres: Repeater, 2016.

CHAMAYOU, Gregoire. A Sociedade Ingovernável: Uma Genealogia do Liberalismo Autoritário. São Paulo: Ubu, 2021.

COLQUHOUN, Matt. Egress: On Mourning, Melancholy and Mark Fisher. Londres: Repeater, 2020.

CONWAY, Jay. Gilles Deleuze: Afirmation in Philosophy. Londres: Palgrave Macmillan, 2010.

COWIE, Jefferson. Stayin'Alive: The 1970s and The Last Days of The Working Class. New York: The New Press, 2010.

DARDOT, Pierre; CHRISTIAN, Laval. A Nova Razão do Mundo: Ensaio sobre a sociedade neoliberal. São Paulo: Boitempo, 2016

DAVOGLIO, Pedro. Althusser e o Direito. São Paulo: Ideias e Letras, 2018.

DEAN, Jodi. Blog Theory – Feedback and capture in the circuits of drive. Cambridge: Polity Presse, 2010.

_____. Camarada. São Paulo: Boitempo, 2021.

_____. Capitalism is the End of the World. Meditations – Journal of the Marxist Literary Group, volume 33, dezembro de 2019, disponível em https://mediationsjournal.org/articles/end-of-world.

_____. Democracy and Other Neoliberal Fantasies – Communicative Capitalism and Left Politics. Duke University Press, 2009.

_____. The Communist Horizon. Londres: Verso, 2012.

DEBORD, Guy. A sociedade do espetáculo. Rio de Janeiro: Contraponto, 2013.

DELEUZE, Gilles. Conversações. São Paulo: ed. 34, 2008.

DELEUZE, Gilles; GUATTARI, Felix. Mil Platôs: Capitalismo e Esquizofrenia 2 (Vol. 1 a 5). São Paulo: ed. 34, 2019.

_____. O Anti-Édipo: Capitalismo e Esquizofrenia 1. São Paulo: ed. 34, 2017.

DERRIDA, Jacques. Espectros de Marx: o estado da dívida, o trabalho de luto e a nova Internacional. Rio de Janeiro: Relume-Dumará, 1994.

_____. Specters of Marx: The State of the Debt, the Work of Mourning and the New International. Nova York: Routledge Classics, 2006.

DUNKER, Christian Ingo Lenz. Uma Biografia da Depressão. São Paulo: Editora Planeta, 2021.

_____. Animismo e Indeterminação em "Das Unheinlich", in

FEDERICI, Silvia. O Ponto Zero da Revolução: Trabalho Doméstico, Reprodução e Luta Feminista. São Paulo: Elefante, 2019.

FISHER, Mark. GILBERT, Jeremy. Reclaim Modernity – Beyond Markets, Beyond Machines. London: Compass Org., 2013.

FISHER, Mark. Capitalist Realism: Is There No Alternative? Hampshire: Zero Books, 2009.

_____. Fantasmas da Minha Vida: escritos sobre depressão, assombrologia e futuros perdidos. São Paulo: Autonomia Literária, 2022.

_____. Flatline Constructs: Gothic Materialism and Cybernetic Theory-Fiction. Nova York: exmilitary, 2018.

_____. Flatline Constructs: Gothic Materialism and Cybernetic Theory-Fiction. Tese (PHD em Filosofia). Universidade de Warwick, 1999, disponível em http://wrap.warwick.ac.uk/110900

_____. Ghosts Of My Life: Writings on Depression, Hauntology and Lost Futures. Hampshire: Zero Books, 2014.

_____. [org] Jacksonismo: Michael Jackson Como Sintoma. Buenos Aires, Argentina: Caja Negra Editora, 2014.

_____. Los Fantasmas de Mi Vida: Escritos sobre depresión, hauntología y futuros perdidos. Buenos Aires, Argentina: Caja Negra Editora, 2018.

_____. K-Punk: The Collected and Unpublished Writings of Mark Fisher (2004-2016). Londres: Repeater Books, 2018.

_____. Postcapitalist Desire: The Final Lectures. Londres: Repeater, 2021.

_____. Realismo capitalista. É mais fácil imaginar o fim do mundo do que o fim do capitalismo? São Paulo: Autonomia Literária, 2020.

_____. The Weird and the Eerie. Londres: Repeater Books, 2017.

FORASTIERI, André. O dia em que o rock morreu. Porto Alegre: Arquipélago, 2014.

FRANÇA, Antonio A G. Contra o Fim da História. Disponível em https://jacobin.com.br/2020/07/contra-o-fim-da-historia/. Acesso em 22 de setembro de 2021.

_____. Guerra Híbrida – Sintoma do Realismo Capitalista. Disponível em https://lavrapalavra.com/2021/04/24/guerra-hibrida-sintoma-do-realismo-capitalista/. Acesso em 23 de dezembro de 2021.

FREEDEN, Michael. Liberalism: A very short introduction – New York: Oxford University Press, 2015.

FREUD, Sigmund. Luto e Melancolia. São Paulo: Lebooks, 2020.

_____. Edição *Standard* Brasileira das Obras Psicológicas Completas de Sigmound Freud. Volume XIII (1913-1914). Totem e Tabu e Outros Trabalhos. Rio de Janeiro: Imago, 1996.

_____. O infamiliar [das Unheimliche]. São Paulo: Autentica, 2019.

GIBSON, William. Neuromancer. São Paulo: Aleph, 2016.

GILROY, Paul. O Atlântico Negro: Modernidade e Dupla Consciência. São Paulo: Editora 34; Rio de Janeiro: Universidade Cândido Mendes, Centro de Estudos Afro-Asiáticos, 2012.

HALL, Stuart. Da Diáspora: Identidades e mediações culturais (org. Liv Sovik). Belo Horizonte: Editora UFMG, 2018.

_____. Selected Political Writings. The Great Moving Right Show and Other Essays. Durham: Duke University Press, 2017.

HAMMOND, Simon. K-Punk Ampliado. Intexto: UFRGS, 2021. Disponível em https://seer.ufrgs.br/intexto/article/view/108170.

HARTSOCK, Nancy. The Feminist Standpoint Revisited and Other Essays. New York: Westview Press, 2019.

HIRSCH, Joaquim. Teoria materialista do Estado: Processos de transformação do sistema capitalista de Estados. Rio de Janeiro: Revan, 2010.

JAMESON, Fredric. A virada cultural. Rio de Janeiro: Civilização Brasileira, 2006

JAPPE, Anselm. As Aventuras da Mercadoria: Para uma nova crítica do valor. Lisboa, Portugal: Antigona, 2013.

_____. A sociedade autofágica. Capitalismo, desmesura e autodestruição. São Paulo: Editora Elefante, 2021.

_____. Conferências de Lisboa. Lisboa, Portugal: Antigona, 2013.

_____. Crédito à Morte: A decomposição do capitalismo e suas críticas. São Paulo: Hedra, 2013.

JONES, Daniel Stedman. Master of the universe. Hayke, Friedman, and the birth of neoliberal politics – New Jersey: Princenton University Press, 2014.

KAFKA, Franz. O Castelo. São Paulo: Companhia das Letras, 2000.

_____. O Processo. São Paulo: L&PM, 2006.

KEHL, Maria Rita. O Tempo e o Cão. São Paulo: Boitempo, 2009.

KLEIN, Naomi. Sem Logo: A tirania das marcas em um planeta vendido. Rio de Janeiro, Record, 2002.

_____. The shock doctrine: The rise of disaster capitalism – New York: Picador, 2007.

KOSELLECK, Reinhart. História dos Conceitos – Contraponto: Rio de Janeiro, 2020.

KURZ, Robert. O Colapso da Modernização: Da derrocada do socialismo de caserna à crise econômica mundial. Rio de Janeiro: Paz e Terra, 2004.

LACAN, Jacques. O Seminário, Livro 05: As formações do inconsciente. Rio de Janeiro: Zahar, 1999. Acesso em: 22 de setembro de 2020.

_____. O Seminário, Livro 16: de um Outro ao outro. Rio de Janeiro: Zahar, 2006.

_____. O Seminário, Livro 17: O avesso da psicanálise. Rio de Janeiro: Zahar, 1998.

LASCH, Christopher. A Cultura do Narcisismo: A Vida Americana numa Era de Esperanças em Declínio. Rio de Janeiro: Imago, 1983.

MARCUSE, Herbert. Eros e a Civilização: Uma Interpretação Filosófica do Pensamento de Freud. Rio de Janeiro: LTC, 2018.

_____. O Homem Unidimensional. São Paulo: Edipro, 2015.

MARX, Karl. Grundrisse: Manuscritos Econômicos de 1857-1858: Esboços da crítica da economia política. São Paulo: Boitempo, 2011.

_____. O Capital, Livro I. São Paulo: Boitempo, 2017.

_____. O Capital, Livro II. São Paulo: Boitempo, 2014.

_____. O Capital, Livro III. São Paulo: Boitempo, 2017.

MARX, Karl; ENGELS, Friedrich. Manifesto Comunista. São Paulo: Boitempo, 2010.

MASCARO, Alysson Leandro. Crise e Golpe. São Paulo: Boitempo, 2018.

_____. Crítica da Legalidade e do Direito Brasileiro. São Paulo: Quartier Latin, 2008.

_____. Estado e Forma Política. São Paulo: Boitempo, 2013.

_____. Filosofia do Direito. São Paulo: Atlas, 2018.

_____. Introdução ao Estudo do Direito. São Paulo: Atlas, 2019.

_____. Sociologia do Direito. São Paulo: Atlas, 2022.

MEDHURST, John. That Option No Longer Exists: Britain 1974-1976. Winchester: Zero Books, 2014.

MEDINA, Eden. Cybernetic Revolutionaries: Technology and Politics in Allende's Chile. Cambridge: The MIT Press, 2011.

MODER, Gregor. Hegel and Spinoza: Substance and Negativity. Illinois: Northwestern University Press, 2017.

MONIZ BANDEIRA, Luiz Alberto. Fórmula para o caos: Ascensão e queda de Salvador Allende – Rio de Janeiro: Civilização Brasileira, 2008.

NAVES, Marcio Bilharinho. Marxismo e Direito: um estudo sobre Pachukanis. São Paulo: Boitempo, 2000.

NIVEN, Alex. New Model Island. Londres: Repeater, 2019.

_____. O Legado Anti-Capitalista de Mark Fisher. Disponível em https://jacobin.com.br/2020/01/o-legado-anticapitalista-de-mark-fisher/

NOYS, Benjamin. The Persistence of the Negative: A Critique of Contemporary Continental Theory. Edimburgo: Edinburgh University Press, 2010.

_____. Malign Velocities: Accelerationism and Capitalism. Winchester: Zero Books, 2014.

OSÓRIO, Luiz Felipe. Imperialismo, Estado e Relações Internacionais. São Paulo: Ideias e Letras, 2018.

PACHUKANIS, Evguiéni. Teoria Geral do Direito e Marxismo. São Paulo: Boitempo, 2017.

PINHEIRO, Damares B. O Domínio de Tamerlão: Os efeitos dos presságios aceleracionistas em Marx. Dissertação (Mestrado em Filosofia). UNB – Universidade de Brasília, 2020.

PFALLER, Robert. Interpassivity: The Aesthetics of Delegated Enjoyment. Edimburgo: Edinburgh University Press, 2017.

POWER, Nina. Sociedade sem oposição: O Homem Unidimensional de Marcuse encontra o Realismo Capitalista de Mark Fisher. Tradução de Bárbara Santos. Dossiê Herbert Marcuse, Parte 1 – Dissonância: Revista de Teoria Crítica, v. 2, n. 1.1), p. 22-34, 2018.

PRASHAD, Vijay. Balas de Washington: Uma história da CIA, Golpes e assassinatos – São Paulo: Expressão Popular, 2020.

ROCHA, Camila. Menos Marx, mais Mises. O liberalismo e a nova direita no Brasil – São Paulo: Todavia, 2021.

RODRIGUES, Carla. O Luto entre Clínica e Política – Judith Butler para além do gênero. Belo Horizonte: Autêntica, 2021.

SILVEIRA, Fabricio. O Espectro de uma Sociedade Livre – considerações sobre o comunismo ácido de Mark Fisher. Revista EcoPos. Rio de Janeiro: UFRJ, 2021. Disponível em https://revistaecopos.eco.ufrj.br/eco_pos/article/view/27690.

SIMON, Reynolds. Retromania: Pop Culture's Addiction to Its Own Past. Londres: Faber and Faber, 2012.

_____. Rip Up and Start Again: Post-punk 1978-1984. Londres: Faber and Faber, 2009.

SAFATLE, Vladimir. Maneiras de transformar mundos: Lacan, política e emancipação. Belo Horizonte: Autêntica, 2020.

_____. Introdução a Jacques Lacan. Belo Horizonte: Autêntica, 2017.

SAFATLE, Vladimir; SILVA JUNIOR, Nelson; DUNKER, Christian. Neoliberalismo como gestão do sofrimento psíquico – Belo Horizonte: Autentica, 2020.

SCHULZE, Holger. Sonic Fiction: The Study of Sound. Londres: Bloomsbury Academic, 2020.

SILVA, Jennifer M. Coming Up Short – Working Class Adulthood in an Age of Uncertainty. Oxford: Oxford University Press, 2013.

SILVEIRA, Maikel. O grito populista: populismo e afeto no capitalismo tardio. Dissertação (Mestrado em Filosofia). Pontifícia Universidade Católica do Rio de Janeiro – PUC/Rio, 2017.

_____. Histórias de Fantasmas: Mark Fisher e as políticas da nostalgia. Disponível em https://medium.com/@ababeladomundo/hist%C3%B3rias-de-fantasmas-mark-fisher-e-as-pol%C3%ADticas-da-nostalgia-bc995f26b709

SPINOZA, Benedictus de. Ética. Belo Horizonte: Autêntica, 2019.

SPUFFORD, Francis. Red Plenty. Minneapolis: Graywolf Press, 2010.

SRNICEK, Nick; WILLIAN, Alex. Inventing the Future: Postcapitalism and a World Without Work. Londres: Verso, 2016.

TAVARES, Maria da Conceição. Maria da Conceição Tavares: vida, ideias, teorias e políticas / Maria da Conceição Tavares; Hildete Pereira de Melo (organizadora) – São Paulo: Fundação Perseu Abramo / Expressão Popular / Centro Internacional Celso Furtado; 2019.

TURKLE, Sherry. Alone Together: why we expect more from technology and less from each Other. New York: Basic Books, 2011.

VISENTINI, Paulo Fagundes. O caótico século XXI. Rio de Janeiro: Alta Books, 2015.

_____. Os paradoxos da Revolução Russa: Novas teses sobreo stalinismo, as guerras e a queda da URSS. Rio de Janeiro: Alta Books, 2017.

WATTSON, Mike. The Memeing of Mark Fisher – How the Frankfurt School Foresaw Capitalist Realism and What To Do About It. Winchester: Zero Books, 2022.

WILLIS, Ellen. The Essential Ellen Willis. Minnesota: University of Minnesota Press, 2014.

Žižek, Slavoj. Como ler Lacan. Rio de Janeiro: Zahar, 2010.

_____. Vivendo no fim dos tempos. São Paulo: Boitempo, 2012.

VÍDEOS

BENSUSAN, Hilan; CARON, J P; NETO, Moises P. Tudo que você sempre quis saber sobre Aceleracionismo e não sabia a quem perguntar. 2020. YouTube: Transe. https://youtu.be/k3WQQX09GGo

DEAN, Jodi. Mark Fisher Memorial Lecture 2019. YouTube: Department of Visual Cultures, Goldsmiths. Disponível em https://youtu.be/4Ck7dT-ZyQY

ESHUN, Kodwo. Mark Fisher Memorial Lecture. 2018. YouTube: Department of Visual Cultures, Goldsmiths. Disponível em https://youtu.be/ufznupiVCLs

FISHER, Mark. All of This is Temporary. 2016. YouTube: CCI Colective. Disponível em https://youtu.be/deZgzw0YHQI

_____. Capitalist Realism and Hauntology (DOCH LECTURES). 2019. YouTube: Intelectual Deep Web. Disponível em https://youtu.be/CpyOonFtw4c

_____. Digital Bauhaus Summit 2016: Mark Fisher - Designer Communism. 2016. Vimeo: Digital Bauhaus Summit. Disponível em https://vimeo.com/171577013

_____. DIY Conference. YouTube: de Selby. 2017. Disponível em https://youtu.be/tJlhwNMuo6E

_____. DOCH Lectures #1. YouTube: de Selby. 2017. Disponível em https://youtu.be/f-9nY5rboK8.

_____. DOCH Lectures#2. YouTube: de Selby. 2017. Disponível em https://youtu.be/Ahj4s3KW6OY

_____. DOCH Lectures#3. YouTube: de Selby. 2017. Disponível em https://youtu.be/vbdS7liHgUs

_____. DOCH Lectures#4. YouTube: de Selby. 2017. Disponível em https://youtu.be/-0gRy1nz8SI

_____. DOCH Lectures#5. YouTube: de Selby. 2017. Disponível em https://youtu.be/5Q3Nix9VLoU

_____. No Time: Virtual Futures. YouTube: Virtual Futures. 2012. Disponível em https://youtu.be/8Bk0kkRPmjE

_____. The Political Aesthetics of Postcapitalism: Methodologies of Valorization. YouTube: Skripta TV. 2013. Disponível em https://youtu.be/GAQ6lhpVIss

_____. The Slow Cancelation of The Future. YouTube: pmilat. 2014. Disponível em https://youtu.be/aCgkLICTskQ

FLECK, Amaro. Curso Livre de Filosofia Política. Neoliberalismo, disponível em https://youtube.com/playlist?list=PLdyzExOKeyTzeWwhNqjN5mjHcspgw4ojT

FLÓREZ, Fernando C. Libros recomendados: ojo con el arte: 20. Mark Fisher. 2018. YouTube: Fernando Castro Flórez. Disponível em https://youtu.be/LDy7LKkkWkU

FRANÇA, Antonio A G; GONZO, Amauri; MARQUES, Victor. É mais fácil imaginar o fim do mundo do que o fim do capitalismo? YouTube: Autonomia Literária. 2020. Disponível em https://youtu.be/6sWe7UUKUo8.

FRANÇA, Antonio A. G. Fisher e o Assombro. YouTube: Autonomia Literária. 2022. Disponível em https://youtu.be/pZ43iP38WtM.

MARQUES, Victor. Realismo Capitalista e o Lento Cancelamento do Futuro. YouTube: Círculo de Estudos da Ideia e da Ideologia. 2018. Disponível em https://youtu.be/HpDUTpVALh8

SALDANHA, Rafael. Mark Fisher: Um Idiota na Filosofia Contemporânea. 2018. YouTube: Circulo de Estudos da Ideia e da Ideologia. Disponível em https://youtu.be/LlvGKxLiBbA

SILVEIRA, Maikel da. Histórias de fantasmas - Mark Fisher e as políticas da nostalgia. YouTube: Círculo de Estudos da Ideia e da Ideologia. 2018. Disponível em https://youtu.be/wrhlwT0j9IU

FILMES

Filhos da Esperança. Direção: Alfonso Cuarón. Estados Unidos; Reino Unido: Universal Pictures, 2006 (109min)

Fogo Contra Fogo. Direção: Michael Mann. Estados Unidos: Warner Bros, 1995 (170min)

Office Space. Direção: Mike Judge. Estados Unidos: 20th Century Fox, 1999 (89min)

O Poderoso Chefão. Direção: Francis Ford Coppola. Estados Unidos: Paramount Pictures, 1972 (175min)

O Poderoso Chefão Parte II. Direção: Francis Ford Coppola. Estados Unidos: Paramount Pictures, 1974 (202min)

O Preço do Amanhã. Direção: Andrew Niccol. Estados Unidos: 20th Century Fox, 2011 (109min)

Wall-E. Direção: Andrew Stanton. Estados Unidos: Pixar, 2008 (98min)

The Stuart Hall Project. Revolution, Politics, Culture and the New Left Expiricence. Direção John Akomfrah. Reino Unido: BFI, 2013 (95min).

SÉRIE DE TELEVISÃO

ASSIGNMENT 6, Parte IV (Temporada 4, ep. 04 – último episódio da série). Sapphire and Steel. Produção: Shaun O'Riordan. UK: ATV/Central, 1982 (25min).

BLOG

k-punk (Mark Fisher), disponível em http://k-punk.abstractdynamics.org/

Este livro foi composto em Adobe Caslon
Pro e Neue Haas Grotesk Display Pro.